Découvrir les Amours de la Balance

HÉLÈNE HUBIN

Table des matières

Introduction

CE VOLUME COMPREND :

* Une brève description du signe de la Balance étudié dans le livre et sa relation amoureuse.

* 12 chapitres décrivant chacun un signe du zodiaque et leur relation amoureuse avec le signe de la Balance.

* Chaque chapitre est développé en 10 rubriques :

1. La rencontre amoureuse entre la Balance et le signe du zodiaque rencontré
2. Romance, plaisirs et séduction entre eux
3. Affinités, relations amoureuses
4. Fougue et passion
5. Intimité physique
6. Possession et jalousie
7. Fidélité
8. Liberté et indépendance
9. Mariage
10. Rupture, divorce, reconstruction

Le même livre existe dans chacun des 12 signes du zodiaque, il est idéal si vous souhaitez l'offrir à un amateur d'astrologie comme vous.

~

CHAPITRE 1

Balance

DESCRIPTION DU SIGNE DE LA BALANCE

Vénus, la planète de l'amour et de la beauté, gouverne la Balance, ce qui confère aux natifs de ce signe des qualités telles que le charme, la sympathie et la vivacité d'esprit, ce qui rend le natif de ce signe charmant, sympathique et vif d'esprit. Il possède un sens de la beauté très prononcé et son foyer est décoré avec raffinement. Il s'habille de façon élégante et soignée (importance du raffinement et du bon goût) et a en horreur le désordre, la saleté. En tant que signe d'air, la Balance est également connue pour sa légèreté et sa créativité. La Balance symbolise l'équilibre, la justice, la paix qu'elle veut transmettre aux autres. Le natif de ce signe est donc à l'écoute et n'hésite pas à aider d'autres personnes grâce à ses conseils et connaissances. La vie sociale est très importante pour le natif de ce signe car elle lui donne sa force. Il est très apprécié et fait preuve d'une grande sociabilité. Doué pour la diplomatie, il peut se montrer très habile lors de négociations. Au niveau personnel, les amitiés qu'il lie seront durables. La Balance passe son temps à soupeser le pour et le contre, elle hésite constamment entre plusieurs possibilités. Elle est dès lors souvent indécise et a du mal à faire un choix. C'est son principal défaut.

LA BALANCE ET L'AMOUR

Guidée par Vénus, la déesse de l'amour et de la beauté, la Balance est intrinsèquement liée à l'art de la séduction. Son pouvoir de charme est indéniable, ensorcelant sa partenaire avec une douceur gracieuse et un romantisme effréné. Sa nature romantique n'est pas superficielle ; elle vient du plus profond de son cœur, faisant d'elle une amante attentionnée et dévouée.

De plus, avec Vénus comme gardienne du mariage et de l'union, il n'est pas surprenant que la Balance aspire à officialiser sa relation. L'idée du mariage, l'union sacrée de deux âmes, est un concept que le natif de la Balance trouve extrêmement séduisant. Un mariage, pour eux, n'est pas simplement une formalité, mais le véritable symbole de l'amour et de l'engagement.

Le natif de la Balance a un besoin profond d'être aimé, désiré, admiré et adoré. Cette soif d'affection et d'attention peut être attribuée à son aversion profonde pour la solitude. Il a un besoin constant d'être entouré, non pas par une foule de visages impersonnels, mais par des êtres chers, des amis fidèles et loyaux. La Balance est sélective dans le choix de ses amis. L'impolitesse, la vulgarité et le laisser-aller sont pour lui des traits indésirables.

Pourtant, il convient de noter que le natif de la Balance est, dans une certaine mesure, narcissique. Il est attiré par la perfection et cherche à l'incarner dans tous les domaines de sa vie. Cet attrait pour la perfection peut le conduire à une recherche incessante d'approbation, et cette tendance peut parfois être mal interprétée par son partenaire. Sa propension à plaire à tous peut éventuellement attirer l'ire et la jalousie de son partenaire. Il doit donc veiller à trouver un équilibre entre son désir d'être aimé et la nécessité de préserver l'harmonie dans sa relation.

En conclusion, le natif de la Balance est un amoureux romantique, guidé par l'amour et le désir d'union. Cependant, sa quête de perfection et son besoin de reconnaissance peuvent parfois se révéler être des défis pour lui-même et pour sa relation. Il est donc essentiel qu'il apprenne à naviguer avec soin sur le chemin de l'amour, toujours à la recherche de cet équilibre qu'il désire tant.

CHAPITRE 2

Balance - Bélier

DESCRIPTION DU SIGNE DU BÉLIER

Le Bélier est un signe de feu. Il est fort, viril, volontaire, passionné, créatif, énergique, mais aussi instable et changeant.

Il se montre intrépide, brave, actif, dynamique, courageux, confiant, optimiste, conquérant, pionnier, volontaire, battant, indépendant et individualiste.

Il est d'un naturel spontané, libre et impulsif. Fonceur, obstiné et toujours en action, il est animé par une grande volonté, est toujours sûr de lui, direct et franc. Cela le rend déterminé et enthousiaste. Compétitif, son seul but est la réussite. Il fonce s'il a une idée en tête. Sa devise semble être "va de l'avant" car il est toujours en mouvement et agit souvent sur des coups "de tête".

Le revers d'une vitalité aussi affirmée est qu'il peut se lasser rapidement et déteste tomber dans la routine. Cela le pousse à changer facilement de domaine.

De même, il peut se montrer peu diplomate, autoritaire, nerveux, obstiné, trop impulsif et impatient. Il agit alors avec imprudence et peut être agressif et intransigeant.

On peut lui reprocher sa brusquerie (et parfois même sa violence). Dans son sens le plus négatif, le bélier est peu attentionné et tend à être bagarreur.

Cela peut aussi se traduire sur un plan moins physique, au sens où il sait user de son franc-parler et met facilement "les pieds dans le plat". De manière générale, il préfère se fier à son instinct, ce qui le rend peu chaleureux pour les autres qui peuvent se sentir rejetés par lui dans la mesure où il prend ses décisions et agit sans tenir compte de leurs conseils.

LE BÉLIER ET L'AMOUR

Le Bélier, ardent signe de feu, trouve généralement son âme-sœur parmi les autres signes de feu. Il vibre d'une énergie exaltée, absolue et persistante, requérant un écho équivalent dans le cœur de sa moitié. Si cette énergie est bien une de ses forces, elle peut se transformer en une intensité qui confine à la jalousie, faisant preuve d'une exigence parfois insatiable.

Cet être volcanique possède une propension à s'enflammer avec une rapidité étonnante. Un coup de foudre, une passion dévorante, et le voilà consumé par un amour incandescent. Pour lui, l'amour est une aventure effrénée, un océan de sentiments intenses dans lequel il plonge avec audace et intrépidité. Il ne conçoit pas l'amour autrement que dans sa forme la plus intense et la plus vibrante.

L'honnêteté est une de ses caractéristiques fondamentales en amour. Toutefois, le Bélier peut parfois faire preuve d'une patience limitée, ce qui peut constituer un frein dans la construction d'une relation durable et équilibrée. Faire des compromis et écouter réellement l'autre sont deux défis majeurs pour lui, deux montagnes qu'il a parfois du mal à escalader, non pas par manque de volonté, mais par tempérament.

Dans la vie quotidienne, le Bélier n'est pas toujours à son aise dans le rôle du maître de maison, du gestionnaire du foyer. Il est constamment en quête d'action, de dynamisme, et la routine lui est insupportable. Cela peut rendre son entente avec une personne aimant la tranquillité du foyer plus complexe. C'est aussi ce qui peut le pousser, dans certains cas, à chercher ailleurs si sa vie quotidienne devient trop monotone ou lui semble trop restrictive.

Il est important de noter que le Bélier ne fuit pas par manque de loyauté ou d'amour, mais parce qu'il se sent étouffé. Il a besoin de liberté, d'espace pour exprimer sa nature feu, sans quoi il se sentira piégé. C'est une réalité que les personnes désireuses de partager leur vie avec un Bélier doivent comprendre et accepter.

ROMANCE, PLAISIRS, SÉDUCTION

- Romance

Lorsqu'ils se rencontrent, une romance captivante émerge, mêlant l'harmonie et la passion. Ces deux signes astrologiques se trouvent à des extrémités opposées du zodiaque, ce qui crée une dynamique unique et puissante entre eux. La Balance, gouvernée par Vénus, la planète de l'amour, apporte son charme, sa sympathie et son sens inné de la beauté à cette relation. Le Bélier, signe de feu, incarne la force, la volonté et l'énergie débordante.

La Balance, en tant que signe d'air, est attirée par l'énergie vive et l'audace du Bélier. La passion brûlante que le Bélier porte en lui suscite l'intérêt et l'excitation de la Balance, qui est séduite par cette intensité ardente. Cependant, la Balance apporte également un équilibre à cette relation en insufflant une dose de calme et de réflexion dans la vie du Bélier, l'aidant ainsi à canaliser son énergie de manière constructive.

- Plaisirs

Ils forment un duo qui apprécie les plaisirs de la vie sous différentes formes. Ensemble, ils explorent un monde d'aventures et de découvertes, toujours prêts à relever de nouveaux défis. Le Bélier, impulsif et entreprenant, entraîne la Balance dans des expériences stimulantes et exaltantes, tandis que la Balance apporte sa touche de raffinement et de créativité à ces aventures communes.

Le Bélier, en véritable pionnier, est constamment en mouvement et pousse la Balance à sortir de sa zone de confort. Ensemble, ils explorent de nouvelles activités, se lançant dans des projets audacieux et innovants. Leur complicité est nourrie par leur enthousiasme commun, leur désir de s'épanouir et leur capacité à stimuler mutuellement leur créativité.

• Séduction

L'attraction est intense et magnétique. La Balance, avec son charme inné et sa grâce, séduit le Bélier dès le premier regard. La sensualité et la beauté de la Balance captivent le Bélier, qui est attiré par cette aura de mystère et d'élégance. La Balance, à son tour, est fascinée par la confiance et l'audace du Bélier, qui l'emporte dans un tourbillon de passion et de désir.

La séduction est un jeu enivrant où le Bélier chasse avec assurance et la Balance se laisse séduire avec plaisir. Le Bélier est attiré par la spontanéité et la vivacité d'esprit de la Balance, tandis que la Balance est séduite par la force et la détermination du Bélier.

AFFINITÉS, RELATIONS AMOUREUSES

• Affinités

La relation est une rencontre entre deux signes diamétralement opposés mais qui peuvent se compléter de manière surprenante. La Balance, gouvernée par Vénus, la planète de l'amour et de la beauté, apporte son charme, sa sympathie et sa vivacité d'esprit dans cette union. D'un autre côté, le Bélier, signe de feu, incarne la force, la volonté et la passion.

Malgré leurs différences apparentes, ils peuvent développer une dynamique intéressante et stimulante. La Balance est attirée par l'énergie et l'enthousiasme du Bélier, tandis que ce dernier est captivé par le charme et l'intelligence de la Balance. Leur attrait mutuel crée une tension magnétique qui alimente leur relation.

La Balance cherche l'équilibre, la justice et la paix, et elle aspire à transmettre ces valeurs aux autres. Le Bélier, quant à lui, est intrépide, audacieux et aime se lancer dans de nouvelles aventures. Leur combinaison peut donner naissance à une dynamique équilibrée où la Balance apporte la diplomatie et la réflexion, tandis que le Bélier apporte l'action et la détermination.

- Relations Amoureuses

Dans le domaine amoureux, leur relation peut être à la fois passionnée et stimulante. La Balance, avec Vénus comme maître de son signe, possède un grand pouvoir de séduction et charme son partenaire Bélier. La romance est au rendez-vous, et la Balance est souvent une grande romantique, désirant être aimée, regardée, désirée, adorée et admirée.

Le Bélier, en tant que signe de feu, est naturellement ardent et passionné. Il est attiré par la vivacité et l'intelligence de la Balance. Leur relation est souvent marquée par une intensité émotionnelle et une connexion profonde.

Le Bélier peut parfois être jaloux et exigeant, ce qui peut créer des frictions dans la relation. La Balance, quant à elle, a besoin d'être constamment entourée et appréciée, ce qui peut générer un certain déséquilibre si le Bélier ne parvient pas à répondre à ce besoin constant d'attention.

La Balance est connue pour sa capacité à peser le pour et le contre, tandis que le Bélier est plus enclin à prendre des décisions rapides et impulsives. Ce contraste peut entraîner des situations où la Balance se sent indécise et le Bélier peut sembler impatient. La communication et la compréhension mutuelle sont donc essentielles pour surmonter ces différences.

FOUGUE ET PASSION

- Fougue

La rencontre est un mélange intrigant de douceur et de passion ardente. Bien qu'issus d'éléments différents, ils possèdent des caractéristiques qui peuvent s'harmoniser de manière unique. La Balance, gouvernée par Vénus, est gracieuse, charmante et cherche constamment l'équilibre dans sa vie. Le Bélier, quant à lui, est un signe de feu dynamique, intrépide et passionné, toujours prêt à foncer tête baissée dans l'action.

Lorsqu'ils se rencontrent, la fougue du Bélier peut initialement captiver la Balance. Le Bélier est connu pour sa confiance en lui, son optimisme débordant et son désir de conquête. Sa détermination inébranlable peut être inspirante pour la Balance, qui apprécie le courage et l'audace. La Balance est dotée d'un charme naturel et d'une vivacité d'esprit qui intriguent le Bélier. Sa capacité à voir les différentes perspectives et à peser les options peut amener le Bélier à réfléchir avant d'agir impulsivement.

Cependant, la fougue du Bélier peut également être un défi pour la Balance, qui préfère souvent éviter les confrontations directes. Le Bélier est un signe spontané et parfois impulsif, tandis que la Balance cherche constamment l'harmonie et l'équilibre. Le Bélier peut paraître brusque et impatient aux yeux de la Balance, tandis que la Balance peut sembler indécise et hésitante pour le Bélier. Ces différences peuvent créer des frictions dans la relation, nécessitant un travail constant de compréhension et de compromis.

• Passion

La passion est un élément clé dans la relation. Le Bélier, étant un signe passionné, apporte une intensité émotionnelle à la relation, tandis que la Balance, avec son sens inné de l'amour et de la beauté, ajoute une touche de romantisme et de sensualité. Ils peuvent créer une chimie puissante et une connexion profonde basée sur leur désir mutuel d'amour et d'admiration.

Le Bélier est un amoureux ardent, prêt à se lancer corps et âme dans la relation. Il recherche une passion dévorante et souhaite être désiré et admiré par son partenaire. La Balance, quant à elle, est séduite par le charme du Bélier et apprécie l'intensité de ses émotions. La Balance aspire à être aimée et regardée avec admiration, et le Bélier est capable de lui offrir cet amour passionné et inconditionnel.

Cependant, la passion peut également être source de conflit dans cette relation. Le Bélier peut parfois être jaloux et exigeant, recherchant une attention totale de la part de la Balance. La Balance, de son côté, peut se sentir étouffée par cette intensité et peut avoir besoin de plus d'espace et de liberté.

8

INTIMITÉ PHYSIQUE

Dans le domaine de l'intimité physique, c'est une rencontre passionnée entre deux signes aux tempéraments ardents. Leur dynamique est alimentée par des énergies complémentaires, bien que parfois opposées, ce qui crée une connexion à la fois électrique et captivante.

Lorsqu'ils se retrouvent dans l'intimité, leur union est souvent marquée par une passion débordante. Le Bélier, signe de feu, est connu pour son énergie ardente et sa volonté inébranlable. Il est le conquérant, le guerrier, celui qui se jette dans l'action avec audace et ferveur. La Balance, signe d'air, est dotée d'un charme inné, d'une sensualité subtile et d'une esthétique raffinée. Son approche de l'intimité est empreinte de douceur et de grâce.

Dans la chambre à coucher, l'attraction entre eux est indéniable. Le Bélier, avec son énergie brute, est capable d'embrasser la passion de la Balance, tandis que la Balance, avec son charme envoûtant, sait comment séduire et apaiser les ardeurs du Bélier. Leur connexion physique est souvent intense, passionnée et marquée par une exploration mutuelle des plaisirs sensuels.

Cependant, malgré cette passion débordante, ils peuvent également rencontrer certains défis. Le Bélier, en tant que signe impulsif et souvent impatient, peut parfois manquer de patience dans l'intimité, ne prenant pas toujours le temps nécessaire pour satisfaire pleinement les besoins de la Balance. La Balance, de son côté, peut être plus réfléchie et soucieuse de l'harmonie, ce qui peut parfois entrer en conflit avec l'impétuosité du Bélier.

Une autre difficulté potentielle réside dans la tendance du Bélier à chercher constamment de nouvelles expériences et sensations. Cela peut conduire à une certaine insatisfaction et à un désir de nouveauté fréquent, ce qui pourrait rendre difficile pour la Balance de se sentir pleinement comblée et en sécurité dans leur intimité à long terme.

Pour que cette relation fonctionne sur le plan de l'intimité, la clé réside dans l'établissement d'un équilibre entre leurs besoins et une communication ouverte et honnête. La Balance, avec son souci de l'harmonie et de l'équilibre, peut aider à apaiser les impulsions parfois brusques du Bélier, tout en encourageant l'exploration mutuelle et le renouvellement de la passion.

La communication est également cruciale pour une intimité épanouissante entre ces deux signes. Ils doivent trouver des moyens de s'exprimer librement, de partager leurs désirs, leurs attentes et leurs limites.

POSSESSION ET JALOUSIE

• Possession

La Balance, gouvernée par Vénus, la planète de l'amour et de la beauté, valorise l'harmonie et l'équilibre dans ses relations. Elle a un sens inné de la beauté et cherchent une esthétique raffinée dans leur vie quotidienne. Elle est charmante, sympathique et cherche souvent à créer un foyer agréable et décoré avec goût. Elle peut également être encline à rechercher une certaine forme de possession émotionnelle dans ses relations.

Le Bélier est un signe de feu passionné, gouverné par Mars, la planète de l'énergie et de l'action. Il est audacieux, déterminé à réaliser ses objectifs avec une grande intensité. Il est indépendant et individualiste, ce qui peut parfois entraîner un certain désir de possession dans leurs relations.

Lorsqu'ils se rencontrent, la Balance peut être captivée par la passion et la force de volonté du Bélier, tandis que le Bélier est attiré par le charme et la vivacité d'esprit de la Balance. Cette attraction mutuelle peut également susciter des sentiments de possessivité de part et d'autre.

La Balance, avec son besoin d'équilibre, peut se sentir déstabilisée par l'indépendance et la nature spontanée du Bélier. Elle peut être tentée de vouloir le garder près d'elle, de le posséder pour préserver l'harmonie dans la relation. Ce désir de possession peut se manifester par une certaine possessivité émotionnelle, où la Balance souhaite avoir un contrôle sur les sentiments et les actions du Bélier.

Le Bélier, avec son désir de passion et de conquête, peut ressentir le besoin de posséder la Balance d'une manière plus physique et tangible. Il peut être enclin à vouloir la protéger et la préserver, mais cette intention peut se transformer en une forme de jalousie lorsqu'il sent que sa partenaire accorde trop d'attention à d'autres personnes ou à ses propres besoins d'indépendance.

- Jalousie

La jalousie peut également être un aspect délicat dans cette relation.

La Balance, en tant que signe de l'air, valorise l'équilibre et la justice, et cherche à transmettre la paix et l'harmonie aux autres. Son besoin constant de peser le pour et le contre peut la rendre indécise et hésitante, ce qui peut parfois susciter des sentiments de jalousie chez le Bélier.

Le Bélier, en tant que signe de feu impulsif et passionné, peut avoir tendance à réagir rapidement et de manière impulsive face à la jalousie. Lorsqu'il ressent une menace pour son indépendance ou sa position dans la relation, il peut se montrer agressif et intransigeant.

Dans cette dynamique, la jalousie peut surgir lorsque la Balance accorde une attention particulière à son cercle social. La Balance est un signe social qui tire sa force de ses relations avec les autres. Elle est appréciée et a une grande sociabilité, ce qui peut parfois susciter des sentiments de jalousie chez le Bélier. Le Bélier, désirant être au centre de l'attention, peut se sentir délaissé ou négligé lorsque la Balance consacre du temps et de l'énergie à ses amis ou à d'autres activités sociales.

La jalousie peut également être exacerbée par le besoin de reconnaissance et d'admiration du Bélier. En cherchant constamment à être aimé, regardé et désiré, le Bélier peut devenir sensible aux regards ou à l'attention que la Balance accorde à d'autres personnes. Cela peut entraîner des réactions jalouses et des conflits si ces besoins ne sont pas suffisamment comblés.

Pour prévenir et gérer la jalousie dans cette relation, la communication ouverte et honnête est essentielle. Les deux signes doivent être prêts à exprimer leurs sentiments, leurs craintes et leurs besoins respectifs. La Balance peut rassurer le Bélier en lui témoignant régulièrement son amour et son engagement, tout en lui accordant l'espace nécessaire pour son indépendance. De son côté, le Bélier doit apprendre à faire preuve de confiance et à communiquer ses besoins d'attention de manière constructive, sans succomber à des réactions impulsives ou agressives.

Il est également important qu'ils se concentrent sur le développement d'une relation équilibrée, où chacun se sent écouté, respecté et apprécié. La Balance peut aider le Bélier à cultiver la patience et la compréhension, tandis que le Bélier peut encourager la Balance à prendre des décisions plus rapidement et à embrasser l'aventure.

FIDÉLITÉ

La fidélité est un aspect crucial dans toute relation amoureuse, et la dynamique entre la Balance et le Bélier ne fait pas exception. Bien qu'ils possèdent des traits et des besoins différents, peuvent trouver un équilibre harmonieux s'ils parviennent à naviguer avec tact et compréhension.

Lorsqu'ils s'engagent dans une relation, ils peuvent apporter des perspectives uniques et complémentaires. La Balance, gouvernée par Vénus, recherche l'harmonie, la paix et l'équilibre dans tous les aspects de sa vie, y compris dans sa relation amoureuse. Elle valorise la stabilité émotionnelle et s'efforce de maintenir une relation harmonieuse et harmonieuse avec son partenaire.

Le Bélier, signe de feu passionné, est animé par une énergie ardente et une quête incessante de nouveauté et d'aventure. Il est audacieux, confiant et souvent impulsif dans ses actions. La fidélité pour le Bélier peut être interprétée différemment, car il peut être attiré par de nouvelles expériences et ressentir le besoin d'explorer de nouveaux horizons.

Ils peuvent être confrontés à des défis lorsqu'il s'agit de fidélité en raison de leurs différences intrinsèques. La Balance, étant un signe de l'air, est naturellement attirée par la sociabilité et l'interaction avec les autres. Elle aime plaire et est souvent entourée d'amis. Cependant, cela peut parfois susciter des sentiments de jalousie et d'insécurité chez le Bélier, qui peut craindre de perdre l'attention et l'affection de son partenaire.

D'un autre côté, le Bélier peut être attiré par l'excitation de nouvelles rencontres et aventures. Son énergie inépuisable peut le pousser à rechercher constamment de nouvelles expériences, ce qui peut créer des tensions dans la relation avec la Balance, qui recherche la stabilité et la sécurité émotionnelle.

Pour maintenir la fidélité dans leur relation, ils doivent travailler ensemble pour trouver un équilibre entre leur besoin d'indépendance et d'engagement. La communication ouverte et honnête est essentielle pour comprendre les attentes et les limites mutuelles.

La Balance peut apaiser les craintes du Bélier en lui montrant son engagement et sa loyauté. Elle peut le rassurer en lui rappelant combien il est aimé et apprécié. En même temps, le Bélier peut soutenir la Balance en lui accordant l'attention et l'affection dont elle a besoin, en faisant preuve de patience et en évitant les comportements possessifs ou jaloux.

LIBERTÉ ET INDÉPENDANCE

- Liberté

La Balance, en tant que signe d'air, aspire à l'équilibre et à l'harmonie dans tous les aspects de sa vie. Elle cherche constamment à peser le pour et le contre, à évaluer les différentes possibilités qui s'offrent à elle. Elle accorde une grande importance à sa vie sociale et à ses relations, cherchant à créer un environnement équilibré et agréable pour elle-même et ceux qui l'entourent. Elle valorise la liberté d'expression, la diversité et l'égalité des partenaires.

Le Bélier, en tant que signe de feu, est intrépide et avide d'aventures. Il est animé par une grande volonté de réussite et a un besoin viscéral d'agir et de progresser. Le Bélier est un véritable pionnier, toujours prêt à relever de nouveaux défis et à explorer de nouveaux horizons. La liberté pour le Bélier se trouve dans la capacité d'exprimer sa véritable nature, de poursuivre ses passions et d'atteindre ses objectifs personnels.

Il est essentiel de reconnaître et de respecter le besoin de liberté de chacun.

La Balance apprécie la coopération, la discussion et la recherche d'un terrain d'entente, tandis que le Bélier recherche des opportunités d'expression individuelle et d'action. Pour maintenir l'harmonie, ils doivent trouver un équilibre entre leurs aspirations individuelles et leur engagement mutuel.

• Indépendance

L'indépendance est une valeur fondamentale, bien qu'elle puisse être exprimée de manière différente. La Balance trouve son indépendance dans sa capacité à maintenir son identité propre au sein des relations, à être autonome émotionnellement et à prendre des décisions éclairées. Elle apprécie également la liberté de pensée et l'autonomie intellectuelle.

Le Bélier est un signe extrêmement indépendant, qui cherche à suivre son propre chemin sans se soucier des conventions ou des attentes des autres. Il valorise sa liberté d'action et sa capacité à décider par lui-même.

Il est important de respecter l'indépendance tout en cultivant un fort lien émotionnel. La Balance peut offrir à son partenaire Bélier un espace de soutien et d'écoute attentive, tout en encourageant son besoin de s'exprimer et de réaliser ses aspirations individuelles. Le Bélier peut apprendre de la Balance l'importance de la réflexion et de la considération des autres dans ses actions, tout en maintenant son autonomie.

Ils doivent s'efforcer de trouver un équilibre harmonieux où chacun peut exprimer sa nature unique tout en respectant les besoins et les valeurs de l'autre.

La Balance apporte à la relation sa capacité innée de peser les différentes perspectives et de rechercher la justice et l'harmonie. Elle peut offrir au Bélier une stabilité émotionnelle et un soutien dans la poursuite de ses objectifs, tout en encourageant une approche réfléchie et équilibrée. La Balance peut également aider à tempérer l'impulsivité du Bélier en lui apportant une perspective plus mesurée.

Le Bélier insuffle une énergie dynamique et une passion ardente dans la relation. Sa détermination et son enthousiasme peuvent inspirer la Balance à sortir de sa zone de confort et à embrasser l'aventure. Le Bélier peut aider la Balance à trouver le courage de prendre des décisions fermes et à agir avec confiance.

Pour que cette relation prospère, il est essentiel de cultiver un respect mutuel pour leur besoin individuel de liberté et d'indépendance. La Balance peut parfois se sentir déstabilisée par l'énergie impétueuse du Bélier et peut avoir besoin de temps pour réfléchir et peser les conséquences de leurs actions communes. Le Bélier doit reconnaître l'importance pour la Balance d'exprimer ses propres opinions et de participer aux décisions de manière équilibrée.

Dans cette relation, il est crucial de cultiver une communication ouverte et honnête, où les besoins de chaque signe sont exprimés et pris en compte. La liberté et l'indépendance peuvent coexister harmonieusement lorsque les partenaires travaillent ensemble pour créer un espace où chacun peut s'épanouir pleinement.

MARIAGE

Lorsqu'une Balance et un Bélier décident de s'unir dans le mariage, une dynamique unique et enflammée se met en place. Bien que différents, ont le potentiel de former une relation pleine de passion, d'énergie et d'harmonie, à condition de comprendre et d'accepter leurs caractéristiques individuelles.

Le mariage est souvent marqué par l'influence de Vénus, la planète de l'amour, qui gouverne la Balance. La Balance apporte avec elle un charme naturel, une sensibilité artistique et un désir profond d'établir l'équilibre et l'harmonie dans sa relation. Elle recherche la beauté, l'esthétisme et le raffinement, et s'efforce de créer un environnement agréable et élégant dans leur foyer.

D'autre part, le Bélier est un signe de feu, gouverné par Mars, la planète de l'énergie et de l'action. Le Bélier apporte dans le mariage une énergie ardente, une détermination inébranlable et une nature passionnée. Il est audacieux, intrépide et toujours prêt à relever de nouveaux défis. Le Bélier apporte une impulsion dynamique à la relation, poussant le couple à entreprendre des aventures excitantes et à poursuivre des objectifs communs avec enthousiasme.

La combinaison crée un équilibre unique où la douceur et la passion se rencontrent. La Balance apporte sa grâce, sa diplomatie et sa capacité à peser les options, tandis que le Bélier apporte son courage, son leadership et sa volonté de foncer tête baissée. Ils peuvent s'inspirer mutuellement et se compléter dans de nombreux aspects de la vie.

Il est important de reconnaître les différences fondamentales entre ces deux signes. La Balance est plus réfléchie et cherche constamment l'harmonie, tandis que le Bélier est impulsif et a tendance à agir sans trop réfléchir. Les conflits peuvent surgir lorsque la Balance hésite à prendre des décisions, tandis que le Bélier est impatient et veut passer à l'action immédiatement.

Dans le domaine de l'amour, la Balance est séduisante et romantique, tandis que le Bélier est passionné et démonstratif. Le Bélier cherche souvent à s'engager rapidement et peut être jaloux, tandis que la Balance prendra plus de temps pour évaluer les sentiments et cherchera un équilibre émotionnel. Cependant, lorsqu'ils trouvent un terrain d'entente, leur relation peut être empreinte d'une passion profonde et d'une grande complicité.

Pour que leur mariage soit épanouissant, la communication est essentielle entre la Balance et le Bélier. La Balance a besoin de se sentir écoutée et comprise, tandis que le Bélier doit apprendre à être plus patient et à tenir compte des besoins de sa partenaire.

RUPTURE, DIVORCE, RECONSTRUCTION

- Rupture

Il est inévitable que des défis se présentent, car ces deux signes sont fondamentalement différents dans leur approche de la vie et de l'amour. Alors que la Balance cherche l'équilibre, la paix et l'harmonie, le Bélier est impulsif, passionné et orienté vers l'action.

Au début de leur relation, l'attraction est forte. La Balance est séduite par le charme et le dynamisme du Bélier, tandis que le Bélier est attiré par l'élégance et l'intelligence de la Balance. Leur passion commune et leur énergie débordante créent une dynamique excitante et stimulante.

Cependant, au fil du temps, les différences fondamentales commencent à se manifester de manière plus évidente. La Balance, en quête d'harmonie et de compromis, peut trouver le tempérament impulsif et autoritaire du Bélier difficile à gérer. Le Bélier, de son côté, peut se sentir frustré par la nature indécise et hésitante de la Balance, qui a du mal à prendre des décisions rapidement.

Les conflits peuvent éclater lorsque la Balance tente de calmer les ardeurs du Bélier et de trouver des solutions pacifiques, tandis que le Bélier veut agir de manière impulsive et décisive. Les disputes peuvent devenir fréquentes et intenses, alimentées par l'impatience du Bélier et la tendance de la Balance à peser le pour et le contre pendant de longues périodes.

- Rupture

Malheureusement, malgré l'amour et l'attraction initiale, une rupture devient inévitable. Les désaccords récurrents et l'incompatibilité croissante finissent par éroder la relation. La Balance, cherchant l'harmonie et la stabilité, peut se sentir épuisée par les conflits constants et l'impulsivité du Bélier. Le Bélier, de son côté, peut se sentir étouffé par la nécessité de compromis et de réflexion de la Balance.

La rupture est souvent explosive, avec des mots durs et des émotions intenses. Ils peuvent se sentir blessés et trahis, car leurs attentes et leurs besoins fondamentaux n'ont pas été satisfaits dans la relation. La Balance peut se replier sur elle-même, cherchant la paix et l'harmonie intérieure, tandis que le Bélier peut se lancer dans de nouvelles aventures pour retrouver son énergie et sa passion perdues.

- Divorce

Après la rupture, une période de transition s'ensuit, marquée par le processus de divorce. Ils peuvent ressentir un mélange d'émotions, allant de la tristesse et de la colère à la libération et au soulagement. La période de divorce est souvent marquée par des changements importants dans leur vie. Ils doivent faire face à la réalité de la séparation et reconstruire leur existence individuelle. Pour la Balance, cela signifie trouver un nouvel équilibre émotionnel et se réaligner avec ses valeurs fondamentales. Le Bélier, de son côté, doit apprendre à canaliser son énergie et sa passion vers de nouvelles avenues.

Le processus de divorce peut être difficile et conflictuel, car les différences peuvent ressurgir de manière exacerbée. La Balance cherche à résoudre les problèmes de manière pacifique et équitable, tandis que le Bélier peut être enclin à agir impulsivement et de manière autoritaire. La médiation ou l'intervention d'un tiers neutre peuvent s'avérer nécessaires pour parvenir à un accord équitable.

La période de divorce offre également une opportunité de réflexion et de croissance individuelle. La Balance peut se consacrer à son propre bien-être, explorer de nouvelles passions et reconstruire sa confiance en soi. Le Bélier peut profiter de sa nouvelle indépendance pour se concentrer sur ses propres objectifs et aspirations, tout en apprenant à canaliser son énergie de manière constructive.

- Reconstruction

Après le divorce, ils entament une période de reconstruction, où ils peuvent se concentrer sur leur développement personnel et émotionnel. Les deux signes ont la possibilité de guérir les blessures du passé et d'ouvrir la voie à de nouvelles opportunités.

Pour la Balance, la reconstruction implique de trouver un nouvel équilibre intérieur et de se connecter à sa véritable essence. Elle peut utiliser sa capacité innée à comprendre les autres pour développer des relations plus saines et équilibrées. Elle peut également renforcer sa confiance en ses propres décisions et apprendre à affirmer ses besoins de manière assertive.

Le Bélier peut utiliser cette période de reconstruction pour approfondir sa compréhension de lui-même et de ses motivations profondes. Il peut apprendre à canaliser son énergie de manière plus réfléchie, en évitant les comportements impulsifs et en cherchant des solutions créatives. Le Bélier peut également cultiver des relations basées sur le respect mutuel et l'équilibre des pouvoirs.

Bien que la relation puisse avoir pris fin, ils ont la capacité de se transformer et de devenir des versions améliorées d'eux-mêmes. Ils peuvent utiliser les leçons apprises de leur relation passée pour établir des bases solides dans leurs relations futures. La Balance peut développer un équilibre intérieur plus solide et une compréhension plus profonde de ses propres besoins. Le Bélier peut canaliser son énergie avec plus de discernement et de considération pour les autres.

Dans la vie après le divorce, ils ont l'opportunité de créer des relations plus épanouissantes et équilibrées, tout en respectant leur individualité et en cultivant une compréhension mutuelle. Alors que leurs chemins peuvent se séparer, ils peuvent toujours se croiser dans d'autres aspects de leur vie. Avec le temps, ils peuvent même trouver un nouvel équilibre et une forme de respect mutuel, en reconnaissant les leçons apprises de leur relation passée.

La reconstruction implique également d'explorer de nouvelles possibilités amoureuses. La Balance peut être attirée par des partenaires qui apprécient son sens de l'équilibre et sa recherche de paix, tout en respectant son besoin de liberté et d'indépendance. Le Bélier, de son côté, peut être séduit par des partenaires qui partagent sa passion et son enthousiasme pour la vie, tout en comprenant son besoin d'action et de nouveauté.

$\sim$

CHAPITRE 3

Balance - Taureau

DESCRIPTION DU SIGNE DU TAUREAU

Le Taureau est de forte constitution, sérieux, tranquille, calme, solide et stable. Il se montre obstiné, déterminé, loyal, possessif, borné et têtu, mais aussi jaloux et rancunier.

On peut compter sur lui, il est rigoureux dans ce qu'il fait, constant. Il a une personnalité équilibrée. Il est honnête et, une fois qu'il a pris une décision, il ne change pas facilement d'avis. C'est un conservateur et, de caractère stable, il accepte difficilement le changement. C'est le signe le plus têtu du zodiaque. Il prend le temps de comprendre, et à se mettre en action. Une fois décidé, il le fera à son rythme. Cette lenteur est une caractéristique principale de ce signe. Car s'il est lent, c'est pour vérifier si l'action qu'il va entreprendre est saine et sécurisée. Il peut ainsi réaliser des miracles. Il est persévérant et tenace, ce qui est souvent un véritable atout. Il ne change pas d'opinion, ne se laisse pas influencer et sait rester camper sur ses positions. S'il a la réputation d'être passif et paresseux, il peut s'avérer être un véritable travailleur... une fois qu'il a décidé dans quoi il allait placer son énergie. À ce moment-là, rien ne peut plus l'arrêter : il avance avec sérieux vers le but qu'il s'est fixé. Il aime la nature, travailler au jardin. Son foyer et le confort matériel sont importants, d'où son besoin de sécurité et de calme. Il aime rester chez lui, c'est un grand cependant à ses colères qui peuvent être terribles.

LE TAUREAU ET L'AMOUR

Le natif du signe du Taureau est connu pour sa loyauté indéfectible, incarnant la fidélité dans toutes ses dimensions. Son caractère bien trempé se forge sur les bases solides de la terre, son élément de prédilection. Rigide face au changement, il cultive une réticence naturelle à la fluctuation et préfère le confort de la constance. Cependant, cet attachement à la stabilité peut se transformer en jalousie et possessivité, mettant parfois à mal l'équilibre de ses relations.

Le Taureau est une créature de sensualité, un être éminemment charnel qui vibre au rythme des plaisirs simples et concrets de l'existence. Il déploie une tendresse sincère, un charme souvent irrésistible qui émane de lui. Il n'hésite pas à partager généreusement ce qu'il possède avec ceux qu'il chérit, et aspire à un environnement paisible, loin des tumultes et des tensions.

La quête de stabilité affective est un élément central pour le natif du Taureau. Il convoite un amour qui s'inscrit dans la durée, un lien fort et durable capable de résister aux aléas du temps. Sa quête de sécurité affective est presque viscérale, bien qu'il puisse paraître parfois réservé dans l'expression de ses sentiments.

Néanmoins, cette réserve n'est qu'une façade, une armure qui dissimule un cœur passionné, doux et affectueux. Il préfère exprimer son amour dans l'intimité de son foyer, loin des regards et des jugements extérieurs. Là, dans le confort de son espace personnel, il dévoile la profondeur de son amour.

Mais comme toute médaille, celle du Taureau a son revers. Si trahi, le natif du Taureau laisse libre cours à une colère féroce. La trahison provoque en lui une rancœur profonde et tenace, une blessure qui mettra du temps à cicatriser. Il n'est pas de ceux qui pardonnent facilement et la trahison laisse des marques indélébiles sur son cœur. Malgré sa force et sa résilience, le natif du Taureau a du mal à se remettre de ces blessures affectives, qui peuvent le hanter pendant longtemps.

LA RENCONTRE ENTRE UNE BALANCE ET UN TAUREAU

Le Taureau, terre à terre, stable et conservateur, rencontre la Balance, signe d'air, sociable, aimante et en quête d'équilibre. Ils représentent l'union de la terre et de l'air, un mélange fascinant de stabilité et de changement, de matérialité et d'idéalisme.

La Balance, gouvernée par Vénus, est naturellement charmante, sympathique et vive d'esprit. Sa beauté, son charme et son sens de l'équilibre attirent le Taureau, qui est également régi par Vénus, mais exprime l'amour de manière plus terre à terre et sensuelle. Le Taureau, avec son désir de sécurité et de confort matériel, est attiré par le raffinement et l'élégance de la Balance. Il y a donc une forte attraction mutuelle entre eux dès le départ.

Leur approche de la vie est très différente. La Balance, avec son esprit aérien et léger, est souvent indécise, pesant constamment le pour et le contre. Le Taureau, en revanche, est un être résolu et tenace qui, une fois qu'il a pris une décision, reste fermement campé sur ses positions. Cette différence peut être source de conflit, mais elle peut également être source de complémentarité. Le Taureau peut aider la Balance à être plus déterminée et à prendre des décisions, tandis que la Balance peut aider le Taureau à voir les choses sous un angle différent et à être plus ouvert au changement.

En amour, ces différences peuvent être à la fois une bénédiction et un défi. La Balance, romantique et désireuse de plaire, peut être charmée par la constance et la dévotion du Taureau. Le Taureau, à son tour, est attiré par le désir de la Balance d'établir une relation harmonieuse et équilibrée. Cependant, le besoin de la Balance d'être constamment entourée et son aversion pour la solitude peuvent entrer en conflit avec le désir du Taureau de sécurité et de calme. De même, le besoin du Taureau de possession peut entrer en conflit avec le désir d'indépendance et de liberté de la Balance.

ROMANCE, PLAISIRS, SÉDUCTION

- Romance

La Balance, guidée par Vénus, la planète de l'amour, apporte une légèreté et une vivacité d'esprit qui fascine le Taureau. Ce dernier, connu pour sa détermination et son obstination, est charmé par l'aspect raffiné et esthétique de la Balance. Ils partagent tous deux un amour pour le beau et le raffinement, ce qui se traduit par une maison harmonieuse, décorée avec soin et attention.

La Balance, avec son aversion pour le désordre et le manque de raffinement, apprécie l'attention que le Taureau porte à la sécurité et au confort. Ils trouvent tous deux un sentiment de paix dans la tranquillité de leur foyer. Le Taureau, avec sa nature calme et déterminée, offre un équilibre à l'indécision de la Balance, et guide celle-ci vers des choix plus éclairés. De son côté, la Balance apporte une touche de légèreté et d'équilibre à la nature parfois têtue du Taureau.

- Plaisirs

Leur amour pour la beauté et le raffinement se retrouve également dans leur quête du plaisir. La Balance, avec son sens aigu de l'esthétique, apporte un raffinement à leurs moments de plaisir, qu'il s'agisse de planifier un dîner élégant ou d'organiser une soirée entre amis. Le Taureau, avec son amour pour le confort et la sécurité, veille à ce que ces moments soient à la fois confortables et satisfaisants.

Le Taureau, qui apprécie la nature et le travail manuel, peut initier la Balance à des plaisirs plus terre à terre, tels que le jardinage ou la randonnée. La Balance, avec sa sociabilité et son charme, peut entraîner le Taureau dans des événements sociaux, élargissant ainsi leur cercle d'amis et d'activités.

- Séduction

La séduction est un art dans lequel ils excellent tous deux, bien que de manière différente. La Balance, guidée par Vénus, la planète de l'amour, a un grand pouvoir de séduction. Elle sait comment charmer et attirer l'attention avec son charme et sa vivacité d'esprit. De son côté, le Taureau, avec sa nature solide et déterminée, offre une forme de séduction plus terre à terre. Il exprime son affection par des actes de tendresse et de générosité, ce qui peut être très attirant pour la Balance.

Cependant, leur besoin mutuel d'admiration et d'attention peut parfois conduire à des tensions. La Balance, avec son désir d'être aimée et admirée, peut parfois se sentir négligée si le Taureau ne lui montre pas suffisamment d'affection. De même, le Taureau, avec son caractère possessif, peut se sentir menacé si la Balance se montre trop sociable avec les autres.

AFFINITÉS, RELATIONS AMOUREUSES

- Affinités

Ils partagent plusieurs qualités qui peuvent leur permettre de tisser des liens forts. Tous deux apprécient la beauté, le raffinement et le confort. La Balance, charmante et sociable, est attirée par le calme et la stabilité du Taureau. De son côté, le Taureau, résistant et constant, peut être séduit par la légèreté et la créativité de la Balance. En outre, ils attachent tous deux une grande importance à leur environnement, cherchant à le rendre aussi agréable et harmonieux que possible. Le Taureau, amoureux de la nature, peut apprécier le sens du décor de la Balance et son attention aux détails.

Ils ont également des forces complémentaires. Par exemple, le Taureau, qui est connu pour sa ténacité et son obstination, peut aider la Balance à surmonter son indécision. En revanche, la Balance, douée pour la diplomatie, peut aider le Taureau à nuancer ses positions et à éviter de se montrer trop têtu ou borné.

Il est à noter, cependant, qu'il peut y avoir des points de friction. La Balance, signe d'air, peut parfois se sentir étouffée par la possessivité du Taureau, signe de terre. De même, la tendance de la Balance à hésiter et à peser constamment le pour et le contre peut frustrer le Taureau, qui préfère prendre une décision et s'y tenir.

• Relations amoureuses

En amour, ils peuvent former un couple très romantique. La Balance, gouvernée par Vénus, la planète de l'amour, est une grande romantique et a un grand pouvoir de séduction. Le Taureau, sensuel et affectueux, peut être facilement charmé par cela. De plus, ils partagent tous deux un désir de stabilité et de sécurité dans leurs relations. La Balance est souvent prête à officialiser sa relation, ce qui peut plaire au Taureau, qui cherche une relation durable et fiable.

Ils doivent veiller à ne pas laisser leurs défauts respectifs saper leur relation. La Balance doit faire attention à son besoin de plaire à tout le monde, ce qui pourrait susciter la jalousie du Taureau. De même, le Taureau doit faire attention à sa possessivité et à sa jalousie, qui pourraient étouffer la Balance et nuire à sa sociabilité naturelle.

FOUGUE ET PASSION

• Fougue

L'interaction entre eux est un fascinant spectacle d'oppositions et de complémentarités. La Balance, gouvernée par Vénus, la planète de l'amour, a une nature charmante et sociable, tandis que le Taureau, également régi par Vénus, est plus réservé et déterminé. Ils sont tous deux attirés par la beauté et l'harmonie, mais chacun la recherche et l'exprime à sa manière.

La Balance, avec sa vivacité d'esprit et son penchant pour la diplomatie, pourrait aider à apaiser le Taureau, connu pour sa ténacité et son obstination. En revanche, le Taureau pourrait aider la Balance à surmonter son indécision en lui offrant sa solidité et son sens de la détermination. La fougue de leur relation réside dans ce jeu d'équilibre, où ils s'entraident pour combler leurs lacunes respectives.

Toutefois, leur fougue pourrait aussi être source de tensions. Le Taureau, qui déteste le changement et qui est attaché à la stabilité, pourrait se sentir mal à l'aise face à l'indécision constante de la Balance. De même, la Balance, qui apprécie la légèreté et l'harmonie, pourrait se sentir frustrée par la ténacité du Taureau. Il leur faudrait alors une certaine dose de compréhension et de compromis pour transformer cette fougue en une force motrice qui les propulse vers l'avant.

- Passion

Au-delà de leur fougue, leur passion pourrait être le véritable ciment de leur relation. Tous deux, étant sous l'influence de Vénus, ont un fort besoin d'amour et d'affection. La Balance, avec son charme naturel et son désir d'être aimée, pourrait trouver dans le Taureau un partenaire passionné et dévoué. Le Taureau, de son côté, apprécie la tendresse et l'affection que la Balance peut lui offrir.

Cependant, leur passion pourrait également être un terrain d'épreuves. La Balance, avec son besoin de plaire et son aversion pour la solitude, pourrait trouver le Taureau jaloux et possessif. Le Taureau, quant à lui, pourrait se sentir insatisfait du manque de décision de la Balance et de sa tendance à peser constamment le pour et le contre. Ils devront donc trouver un moyen de canaliser leur passion de manière constructive, en apprenant à respecter les besoins et les limites de l'autre.

Ainsi, la relation entre eux peut être un mélange complexe de fougue et de passion. Néanmoins, s'ils parviennent à naviguer à travers leurs différences avec empathie et compréhension, ils peuvent construire une relation profondément enrichissante et harmonieuse.

INTIMITÉ PHYSIQUE

La passion peut être lente à se développer, comme le rythme du Taureau qui aime prendre son temps, mais une fois qu'elle est enflammée, elle brûle d'une flamme constante et apaisante.

Le Taureau est un signe très sensuel, très enraciné dans le monde physique. Il est tendre, généreux et peut être très attentif aux besoins de son partenaire. C'est un amant passionné qui exprime son amour par des actes de tendresse. Pour le Taureau, l'intimité physique est une manifestation de l'amour et de la connexion, une façon d'exprimer les sentiments qu'il a du mal à mettre en mots.

La Balance, de son côté, est charmante et romantique. Elle est gouvernée par Vénus, la planète de l'amour et de la beauté, ce qui donne une qualité raffinée à ses expressions d'amour. L'intimité pour la Balance n'est pas seulement physique, mais aussi émotionnelle. Ils cherchent un équilibre dans l'intimité, un échange d'énergie et de tendresse qui satisfait à la fois le corps et l'esprit.

Lorsqu'ils se rencontrent dans l'intimité, ils créent une danse de passion et de tendresse. Le Taureau apporte la chaleur et la solidité, la capacité à rendre l'intimité physique un acte d'amour profond et réconfortant. La Balance, avec sa sensibilité et son attention à l'équilibre, peut apporter de la légèreté et de l'élégance à l'expérience.

Ils doivent tous deux faire attention à la dynamique de leur relation. Le Taureau peut parfois être un peu possessif, ce qui peut faire sentir à la Balance qu'elle est étouffée ou limitée. De son côté, la Balance a un grand besoin de plaire, ce qui peut conduire à la négligence de ses propres besoins et désirs dans l'intimité.

Ils doivent apprendre à communiquer leurs besoins et leurs limites, à respecter l'espace et la liberté de l'autre. Ils doivent aussi faire attention à ne pas laisser leurs différences créer des tensions ou des malentendus. Avec de la patience, de la compréhension et beaucoup de communication, ils peuvent créer une intimité qui est à la fois satisfaisante et épanouissante, un espace où ils peuvent tous deux se sentir aimés et désirés.

POSSESSION ET JALOUSIE

- Possession

La notion de possession est prégnante, mais elle se manifeste de manières différentes. Le Taureau, gouverné par Vénus, planète de l'amour et de la sensualité, est un signe qui exprime son affection par des actes tangibles et matériels. Il a besoin de sécurité et de stabilité, et cette aspiration se traduit souvent par une certaine possessivité. Il a tendance à vouloir garder ce qui lui est cher près de lui, que ce soit des objets, des lieux ou des personnes.

La Balance, également gouvernée par Vénus, mais sous une forme plus cérébrale et sociale, a également des comportements de possession, mais ils s'expriment davantage dans le domaine des sentiments et des émotions. Elle cherche à être aimée, admirée et désirée, et son désir d'équilibre et d'harmonie peut l'amener à vouloir contrôler les émotions et les sentiments de ceux qui l'entourent pour maintenir cet équilibre.

Ces deux formes de possession peuvent se compléter ou se heurter dans une relation entre eux. Si la Balance comprend que la possessivité du Taureau est une manifestation de son besoin de sécurité et de stabilité, et si le Taureau comprend que le désir de la Balance d'être aimée et admirée n'est pas une menace, mais une façon d'équilibrer ses propres émotions, ils peuvent trouver un terrain d'entente. Cependant, si l'un ou l'autre de ces signes se sent menacé ou incompris, des tensions peuvent apparaître.

- Jalousie

Le Taureau, avec sa nature possessive et son besoin de sécurité, peut devenir jaloux s'il ressent une menace pour sa stabilité ou pour ce qu'il considère comme sien. Il peut avoir du mal à gérer ces sentiments, car son désir de tranquillité et de paix est profondément enraciné.

La Balance, pour sa part, peut également manifester de la jalousie, mais d'une manière différente. Son désir d'être aimée, admirée et désirée peut la rendre sensible à toute attention que son partenaire pourrait accorder à d'autres. Sa jalousie peut se manifester sous la forme d'une insatisfaction ou d'une inquiétude concernant l'équilibre de la relation. Elle a besoin de se sentir appréciée et valorisée, et si elle sent que ce n'est pas le cas, elle peut se sentir jalouse.

Encore une fois, la clé pour gérer ces sentiments de jalousie entre eux est la compréhension et la communication. Le Taureau a besoin de se sentir en sécurité, et la Balance a besoin de se sentir aimée et appréciée. S'ils peuvent exprimer ces besoins de manière ouverte et honnête et travailler ensemble pour répondre à ces besoins, ils peuvent atténuer les sentiments de jalousie et renforcer leur relation.

FIDÉLITÉ

La fidélité représente un enjeu majeur qui s'articule autour de deux principaux piliers : la stabilité et le besoin d'harmonie. Ils sont tous deux des signes qui valorisent la loyauté et le respect mutuel, ce qui crée une solide base pour leur relation.

Le Taureau est un signe qui valorise la stabilité et la constance. Lorsqu'il s'engage dans une relation, il le fait de manière sérieuse et considère la fidélité comme une évidence. Son côté terre à terre et sa réticence face au changement font de lui un partenaire stable qui offre une certaine sécurité à la Balance. Cependant, son caractère parfois possessif et jaloux peut poser des défis dans cette relation. Il a besoin de se sentir rassuré dans son engagement et peut avoir du mal à gérer les situations d'incertitude ou de changement.

La Balance, gouvernée par Vénus, la planète de l'amour, a un grand besoin d'harmonie et d'équilibre dans ses relations. Elle recherche une relation harmonieuse et évite autant que possible les conflits. Cela peut la pousser à se montrer fidèle, dans le but de maintenir cette harmonie. Elle est également très sociable et apprécie être entourée d'amis et de personnes qu'elle apprécie. Cela peut parfois créer des tensions avec le Taureau qui peut se sentir menacé par cette sociabilité.

Cependant, leur désir mutuel de stabilité et d'harmonie peut les aider à surmonter ces défis. La Balance, avec son sens inné de la diplomatie, peut apaiser les craintes du Taureau et le rassurer sur sa loyauté. De son côté, le Taureau peut apprendre à faire confiance à la Balance et à comprendre son besoin d'interaction sociale sans se sentir menacé.

Si des défis se posent en raison de leurs différentes approches, ils ont également la capacité de les surmonter grâce à leur désir mutuel de stabilité et d'harmonie.

LIBERTÉ ET INDÉPENDANCE

- Liberté

Ils ont des perspectives distinctes qui peuvent faire naître des tensions mais aussi des opportunités d'enrichissement mutuel.

La Balance, gouvernée par Vénus, la planète de l'amour et de la beauté, est connue pour sa légèreté, sa créativité et son besoin de sociabilité. Elle est encline à partager son temps et son espace avec d'autres, cherchant l'harmonie et l'équilibre dans chaque interaction. Cependant, sa tendance à l'indécision et son désir de plaire à tous peuvent parfois entraver sa propre liberté. Elle peut se retrouver coincée dans une situation où elle est plus préoccupée par l'opinion des autres que par sa propre volonté.

Le Taureau est un signe de terre stable et déterminé. Il privilégie la sécurité et le confort, et peut être réticent à changer. Sa lenteur et sa détermination peuvent être perçues comme des entraves à la liberté, surtout par une Balance qui recherche un flux d'échanges et de mouvements plus dynamique. Néanmoins, la persévérance du Taureau peut également être un atout, lui permettant d'atteindre ses objectifs à son propre rythme et de manière sécurisée.

Dans leur relation, ils devront trouver un juste milieu pour maintenir leur liberté individuelle tout en respectant leurs différences. Le Taureau pourrait apprendre de la Balance l'art de la flexibilité et de la sociabilité, tandis que la Balance pourrait bénéficier de la stabilité et de la détermination du Taureau.

- Indépendance

En ce qui concerne l'indépendance, ils peuvent avoir des approches différentes. Pour la Balance, son désir d'harmonie et son besoin de plaire peuvent parfois l'emporter sur son indépendance. Elle pourrait avoir du mal à faire des choix sans tenir compte des opinions des autres. De plus, son aversion pour la solitude peut l'inciter à dépendre des autres pour le soutien émotionnel.

Le Taureau, en revanche, est un signe de terre solide qui valorise la constance et la stabilité. Il est fidèle et rigoureux, mais sa ténacité peut parfois être perçue comme de l'entêtement. Il n'aime pas être influencé et reste fermement ancré dans ses positions, ce qui témoigne d'une forte indépendance d'esprit. Cependant, son désir de sécurité et de confort peut le rendre quelque peu dépendant de la stabilité matérielle.

Dans leur interaction, ils peuvent apprendre l'un de l'autre. La Balance pourrait apprendre du Taureau comment rester ferme dans ses convictions et comment être plus indépendante, tandis que le Taureau pourrait apprendre de la Balance comment être plus adaptable et ouvert aux idées des autres, sans pour autant compromettre son indépendance.

MARIAGE

Étant deux signes gouvernés par Vénus, la planète de l'amour et de la beauté, ils partagent une appréciation innée de l'harmonie, de l'esthétique et de l'amour. Cette influence vénusienne crée un lien puissant entre eux, un courant sous-jacent de compréhension mutuelle qui peut aider à cimenter leur relation.

Le Taureau, solide et stable, offre à la Balance l'ancrage dont elle a tant besoin. Cette caractéristique de stabilité du Taureau apporte un sentiment de sécurité à la Balance, qui peut souvent se sentir indécise et déséquilibrée. Le Taureau, fidèle et déterminé, peut aider à apaiser les incertitudes de la Balance et à lui offrir une base solide sur laquelle s'appuyer.

La Balance apporte au Taureau une légèreté d'esprit et une sociabilité qui peuvent alléger la nature parfois trop sérieuse et réservée du Taureau. La Balance, avec son charme naturel et sa facilité à socialiser, peut aider à ouvrir le Taureau à de nouvelles expériences sociales et à élargir son cercle d'amis. La Balance, avec sa passion pour l'équité et la justice, peut également aider le Taureau à voir les choses sous différents angles et à adopter une perspective plus équilibrée.

L'importance du foyer est une autre valeur partagée qui peut contribuer à renforcer leur mariage. Le Taureau, avec son amour du confort matériel, et la Balance, avec son sens inné de la beauté et de l'harmonie, peuvent ensemble créer une maison qui est à la fois confortable et esthétiquement agréable. Ils aimeront sans doute passer du temps à décorer leur maison et à créer un espace qui reflète leurs goûts communs.

Cependant, chaque relation a ses défis, et le mariage entre eux ne fait pas exception. Le Taureau, avec sa nature têtue et sa résistance au changement, peut parfois entrer en conflit avec la Balance, qui a besoin de variété et d'équilibre. De même, la Balance peut parfois se sentir étouffée par le côté possessif du Taureau, tandis que le Taureau peut se sentir frustré par l'indécision de la Balance.

Leur mariage est un équilibre délicat entre la sécurité et la liberté, entre la stabilité et le changement. C'est un voyage d'apprentissage mutuel, où ils doivent apprendre à valoriser et à respecter les différences de l'autre tout en célébrant ce qu'ils ont en commun. S'ils y parviennent, leur mariage peut être une célébration de l'amour, de la beauté et de l'harmonie, un témoignage de l'union de deux cœurs qui battent à l'unisson.

RUPTURE, DIVORCE, RECONSTRUCTION

- La Rupture

Tous deux gouvernés par Vénus, la planète de l'amour, ils partagent une certaine appréciation de la beauté et du raffinement. Pourtant, malgré ces similitudes, leur rupture pourrait résulter de leurs différences profondes et parfois irréconciliables.

D'un côté, la Balance, légère et créative, est guidée par la recherche de l'équilibre et de la justice. Elle a tendance à hésiter, à peser le pour et le contre, souhaitant ardemment trouver le juste milieu en toutes choses. Le Taureau, de son côté, est un être déterminé et inflexible, avec une nature plus terre-à-terre. Son besoin de sécurité et de stabilité peut se heurter à la légèreté et à l'indécision de la Balance, ce qui peut provoquer des tensions.

Leur rupture pourrait être le résultat d'une longue période d'incompréhensions et de désaccords. Le Taureau, par nature résistant au changement, pourrait trouver difficile la nature changeante et hésitante de la Balance. De même, la Balance pourrait être frustrée par l'obstination du Taureau, son manque de souplesse et sa résistance à la nouveauté. Cela pourrait créer une dynamique insoutenable, jusqu'à ce que la rupture devienne inévitable.

- Le Divorce

Le divorce entre eux pourrait être une expérience compliquée et douloureuse, car ils ont tous deux des traits qui peuvent exacerber les conflits. Le Taureau, notamment, est connu pour être rancunier, et une fois blessé, il a du mal à s'en remettre. La Balance, quant à elle, est un signe d'air et peut se montrer légère face à des situations sérieuses, ce qui peut frustrer davantage le Taureau.

La Balance cherchera probablement à maintenir la paix et l'équilibre pendant le processus de divorce, ce qui pourrait être en conflit avec l'approche plus déterminée et rigoureuse du Taureau. Le Taureau pourrait voir cette tentative de la Balance de maintenir la paix comme une forme d'indécision ou de faiblesse, ce qui pourrait conduire à plus de tension.

De plus, le Taureau pourrait avoir du mal à accepter la fin de la relation, en raison de son attachement à la sécurité et à la stabilité. En revanche, la Balance, bien que peinant à faire un choix, une fois qu'elle a décidé de la rupture, elle cherchera probablement à tourner la page et à avancer.

- La Reconstruction

La reconstruction après le divorce serait un processus différent pour chacun d'entre eux, en raison de leurs traits de personnalité distincts. La Balance, qui a une nature sociable, pourrait trouver du réconfort dans ses relations sociales, cherchant du soutien auprès de ses amis et de sa famille. Elle pourrait également se concentrer sur la création d'un environnement harmonieux et beau autour d'elle, pour faciliter le processus de guérison.

Le Taureau, cependant, pourrait prendre plus de temps à se remettre. Sa nature tenace et déterminée pourrait le pousser à s'enfermer dans sa coquille, à la fois physiquement et émotionnellement. Son attachement à la sécurité et à la stabilité pourrait le rendre plus résistant au changement, ce qui pourrait rendre le processus de guérison plus long et plus difficile. Il pourrait se concentrer sur le travail ou sur des activités qui lui apportent du confort et de la stabilité, comme le jardinage ou la cuisine.

Cependant, leur capacité à se reconstruire après le divorce dépendra en grande partie de leur capacité à tirer des leçons de leur expérience passée. La Balance, par exemple, pourrait apprendre à être plus déterminée et à prendre des décisions plus fermes. Le Taureau, de son côté, pourrait apprendre à être plus ouvert au changement et à être plus flexible dans ses relations.

~

CHAPITRE 4

Balance - Gémeaux

DESCRIPTION DU SIGNE DU GÉMEAUX

Le natif des Gémeaux est intelligent, curieux et agréable. Il se montre léger, spirituel, sociable, mais aussi charmeur, flexible et communicatif. Il est vif, inventif, très actif, brillant et intelligent. Il aime l'inconnu et la nouveauté. Son caractère mutable l'aide à s'adapter à toutes les situations, et ce, d'autant plus s'il y a du changement, car il déteste la routine. Il assimile rapidement, il est ouvert d'esprit et a énormément besoin de parler, de communiquer ses idées et d'échanger avec les autres. Il aime bouger, apprécie les déplacements, les voyages, voir d'autres horizons et faire des découvertes.

Il a de nombreux d'amis, car sa compagnie est recherchée.

Il parle beaucoup, mais avec brio. Le revers de la médaille, c'est qu'il se montre facilement désinvolte, sarcastique, sournois et inconstant.

Il lui arrive aussi d'être émotionnellement éprouvé, agité et dispersé.

Mis sous pression, il a tendance à nier les problèmes, car ceux-ci l'ennuient. Il peut aussi être un manipulateur hors pair, capable de transformer la réalité en édifiant de grandes stratégies. Il recourt à ces subterfuges afin de garder la confiance que les autres mettent en lui. Il peut donc être un grand menteur et un affabulateur.

LE GÉMEAUX ET L'AMOUR

L'amour des Gémeaux est une aventure captivante, pleine de subtilités et de complexités. En tant que signe astrologique, le Gémeaux est connu pour être relationnel, mutable, dispersé et inconstant, un cocktail de traits de caractère qui donne naissance à une personnalité aussi captivante que difficile à cerner.

Charmant et séduisant, le natif des Gémeaux a cette aura particulière qui attire les autres vers lui. Son esprit est aiguisé et vif, doté d'une vivacité remarquable, qui fait de lui un interlocuteur de choix, toujours prêt à éblouir son auditoire par sa générosité d'esprit et sa sincérité désarmante. Son sens de l'humour et son charisme naturel font de lui un être agréable à côtoyer, un véritable aimant pour ceux qui recherchent la compagnie d'une personne authentiquement intéressante.

Pourtant, l'amour pour le Gémeaux est une question complexe. Épris de romantisme, il envisage l'amour plus comme une construction mentale que comme une réalité tangible. C'est un rêveur, qui vit souvent dans un monde idéalisé où l'amour est une énigme passionnante à résoudre, plutôt qu'un engagement profond à honorer.

Il n'est pas rare de voir le Gémeaux amoureux de l'idée d'amour, plutôt que de la personne qui partage sa vie. Il peut se montrer volage et inconstant, animé par une quête constante de nouveauté et d'excitation. La routine et l'ennui sont ses ennemis jurés, et face à ces menaces, il n'hésite pas à s'évader, cherchant sans cesse de nouvelles expériences et de nouveaux horizons à explorer.

C'est une danse délicate que de tomber amoureux d'un Gémeaux. Il faut savoir jongler avec son besoin d'indépendance, sa soif d'exploration et son désir de partage intellectuel. Mais si on réussit à suivre le rythme effréné de ce signe du zodiaque, on découvre alors un partenaire passionné, débordant de générosité et capable d'un amour aussi profond que complexe.

LA RENCONTRE ENTRE UNE BALANCE ET UN GÉMEAUX

Lorsqu'ils se rencontrent, l'étincelle est presque immédiate. Ils représentent une combinaison dynamique, pleine de charme et de vivacité. Leur relation est souvent une danse délicate de caractères, où la curiosité, l'intellect et le désir d'équilibre se croisent et se complètent de manière intrigante.

La Balance, gouvernée par Vénus, la planète de l'amour et de la beauté, apporte l'harmonie et l'attraction irrésistible dans ce duo. Ils sont charmants, sympathiques et dotés d'un sens esthétique prononcé, qualités qui ne manquent pas d'attirer le Gémeaux curieux. Leur amour du raffinement et de la beauté, ainsi que leur désir de paix et de justice, se reflètent dans tous les aspects de leur vie, y compris leur relation.

Le Gémeaux apporte l'énergie, l'intelligence et une soif insatiable de nouveauté. Ils sont vifs, inventifs, très actifs, brillants et intelligents. La curiosité du Gémeaux et son désir de diversité et d'exploration complètent bien la nature équilibrée et pacifique de la Balance. Le Gémeaux est constamment à la recherche de nouvelles idées et expériences, ce qui apporte une certaine fraîcheur et une certaine excitation à leur relation.

Ils sont tous deux des signes d'air, ce qui signifie qu'ils partagent un amour pour la communication et l'échange d'idées. Ils aiment tous deux discuter, débattre et partager leurs pensées, ce qui peut conduire à des conversations longues et intéressantes. La Balance, avec son désir d'équilibre et de justice, peut aider à tempérer la nature parfois fluctuante du Gémeaux, les aidant à rester concentrés et à éviter de trop se disperser.

Malgré tous leurs points communs, ils ont aussi leurs différences. La Balance, toujours à la recherche d'harmonie, peut parfois être frustrée par l'indécision du Gémeaux et sa tendance à changer d'avis. Le Gémeaux peut parfois se sentir restreint par le désir de la Balance d'équilibre et de stabilité. Il est donc important pour eux de trouver un équilibre entre leurs besoins respectifs et de respecter leurs différences.

En amour, leur relation est souvent passionnée et romantique. La Balance, avec son besoin d'être aimée et admirée, trouve souvent en le Gémeaux un partenaire passionné et attentif. Le Gémeaux, de son côté, est souvent fasciné par la grâce et le charme de la Balance.

ROMANCE, PLAISIRS, SÉDUCTION

- Romance

Lorsqu'ils se rencontrent, la romance est presque inévitable. Ils sont tous deux gouvernés par des planètes qui favorisent l'amour, la beauté et l'harmonie, ce qui crée une attraction magnétique entre eux. La Balance, gouvernée par Vénus, la planète de l'amour et de la beauté, est naturellement attirée par le charme et l'intelligence du Gémeaux. Inversement, le Gémeaux, dont la curiosité est alimentée par son élément Air, est séduit par le raffinement et l'équilibre de la Balance.

La Balance, signe d'air, et le Gémeaux, également un signe d'air, se comprennent instinctivement. Ils partagent un amour pour la communication et l'interaction sociale, ce qui peut renforcer leur lien romantique. Les conversations entre eux sont souvent animées, pleines d'idées et de découvertes.

La Balance, en quête d'harmonie et d'équilibre, peut parfois être frustrée par l'inconstance du Gémeaux. Le Gémeaux, avec son besoin de variété et de changement, peut parfois se sentir limité par le désir de stabilité de la Balance. Si ces différences sont comprises et respectées, elles peuvent apporter de la profondeur et du dynamisme à leur relation romantique.

- Plaisirs

Ils trouvent du plaisir dans de nombreuses activités similaires. Ils aiment tous deux la société des autres, profitant des fêtes, des rencontres sociales et des voyages. Leur amour partagé de la beauté et de l'esthétique peut les amener à apprécier l'art, la musique et la culture ensemble. Ils peuvent passer des heures à discuter de leurs dernières découvertes et idées, ce qui peut être une source de plaisir intense pour les deux.

Le Gémeaux, avec sa curiosité insatiable, peut initier la Balance à de nouveaux centres d'intérêt et de nouvelles expériences. La Balance, avec son sens aigu de l'harmonie et de l'équilibre, peut aider le Gémeaux à se concentrer et à approfondir ses intérêts plutôt que de passer constamment d'un sujet à l'autre.

- Séduction

La séduction est souvent un jeu intellectuel autant qu'un jeu physique. Ils sont tous deux charmants et communicatifs, ce qui peut rendre leur danse de séduction à la fois excitante et stimulante.

La Balance, avec son charme naturel et son sens de la beauté, sait instinctivement comment attirer le Gémeaux. Elle peut séduire le Gémeaux par son élégance, son raffinement et sa capacité à créer une atmosphère d'harmonie et de confort.

AFFINITÉS, RELATIONS AMOUREUSES

- Affinités

Dès le premier regard, ils sont attirés l'un par l'autre. En effet, les affinités sont nombreuses. Tous deux gouvernés par des éléments d'air, ils partagent une légèreté et une vivacité d'esprit qui les rapprochent instantanément. Leur curiosité mutuelle les pousse à s'intéresser profondément aux idées et aux pensées de l'autre.

La Balance, avec sa quête constante de beauté, de raffinement et d'équilibre, est intriguée par la flexibilité et l'adaptabilité du Gémeaux. Le Gémeaux, de son côté, est fasciné par la charmante et harmonieuse Balance, dont la présence lui offre une certaine stabilité dans son monde de changements constants. Leurs conversations sont souvent animées, pleines d'esprit et de créativité, alimentées par la vivacité du Gémeaux et l'écoute attentive de la Balance.

La sociabilité est un autre point de convergence pour ces deux signes. Ils apprécient tous deux la vie sociale, aiment être entourés de gens et ont un cercle d'amis large et varié. Leur amour commun pour la diplomatie, les échanges intellectuels et le charme naturel leur permet de se connecter de manière profonde et significative.

Leurs affinités ne sont pas sans défis. La Balance, en quête constante d'équilibre, peut être frustrée par l'inconstance et l'indécision du Gémeaux. Le Gémeaux peut parfois trouver la Balance trop attachée à l'harmonie et à la paix, limitant ainsi son besoin de changement et de liberté.

- Relations Amoureuses

Dans l'amour, ils forment un couple presque idyllique. La Balance, gouvernée par Vénus, la planète de l'amour, offre au Gémeaux une affection sincère et une dévotion qui le rassure et le comble. Le Gémeaux, quant à lui, apporte à la relation son esprit ouvert, sa spontanéité et sa flexibilité, ce qui ajoute une dose d'excitation et de nouveauté qui plaît à la Balance.

Leur relation est souvent marquée par un romantisme doux et un flirt constant. Leur amour se manifeste dans leurs conversations intellectuelles, leurs échanges d'idées et leur amour partagé pour l'art et la beauté. Ils aiment passer du temps ensemble, que ce soit lors de soirées mondaines ou de moments tranquilles à la maison.

Comme dans toute relation, il y a des défis à surmonter. Le Gémeaux, avec son amour pour la liberté et le changement, peut parfois donner l'impression à la Balance d'être inconstant ou distant. La Balance, de son côté, avec son besoin constant d'équilibre et d'harmonie, peut sembler trop exigeante pour le Gémeaux, qui a besoin de son espace pour respirer.

FOUGUE ET PASSION

- Fougue

Ils sont sociables, aimant évoluer dans des cercles sociaux larges. Leur rapport à la communication est un trait qui les distingue particulièrement. La Balance, sous l'influence de Vénus, planète de l'amour et de la beauté, est charmante, vive d'esprit et cherche à équilibrer les situations, tandis que le Gémeaux, changeant et flexible, aime explorer l'inconnu et transmettre ses idées avec une intelligence pétillante.

La fougue dans leur relation peut être vue dans leur interaction sociale. Le Gémeaux, avec sa curiosité insatiable, sa facilité à s'adapter et sa soif d'apprendre, apporte une énergie vivifiante à la vie de la Balance, qui apprécie la beauté sous toutes ses formes et cherche constamment l'harmonie dans son environnement. Lorsqu'ils sont ensemble, leur conversation est pleine de vie, d'idées nouvelles et de passion pour la découverte.

Cette fougue se retrouve aussi dans leur quête de l'idéal, chacun à sa manière. La Balance, en quête constante de justice et d'équilibre, pousse le Gémeaux à considérer toutes les perspectives avant de prendre une décision. Le Gémeaux, avec sa vivacité d'esprit et sa créativité, offre une stimulation constante à la Balance, l'encourageant à sortir de sa zone de confort et à explorer de nouvelles idées.

- Passion

La passion entre eux peut être intense, stimulée par leur complémentarité.

La Balance, gouvernée par Vénus, est un grand romantique, cherchant toujours à plaire et à séduire. Ce désir d'être aimé et admiré peut allumer une étincelle de passion chez le Gémeaux, qui apprécie l'attention et l'affection que lui porte la Balance. Le Gémeaux, avec son charme naturel et sa capacité à communiquer, peut fasciner la Balance, nourrissant ainsi la flamme entre eux.

Cette passion peut également être alimentée par leurs différences. La Balance, avec son besoin d'équilibre et d'harmonie, peut parfois trouver le Gémeaux trop changeant ou inconstant. Cependant, cette inconstance du Gémeaux peut également attiser la passion de la Balance, qui se retrouve constamment stimulée par le changement et la nouveauté que le Gémeaux apporte à leur relation.

Ensemble, ils ont le potentiel de créer une relation vibrant d'énergie et de passion, pourvu qu'ils parviennent à maintenir leur équilibre.

INTIMITÉ PHYSIQUE

Ils sont tous deux des signes d'air et partagent une connexion intellectuelle et émotionnelle naturelle. Cette base forte se traduit souvent par une intimité physique intense et épanouissante. En tant que signes dominés respectivement par Vénus et Mercure, ils apportent chacun des qualités uniques à leur relation intime.

Le natif de la Balance, gouverné par Vénus, la planète de l'amour et de la beauté, est naturellement charmant et attiré par l'harmonie et l'équilibre dans toutes les facettes de sa vie, y compris sa vie amoureuse. En matière d'intimité physique, ils cherchent à plaire et à satisfaire leur partenaire, manifestant ainsi leur amour et leur affection. Ils ont une préférence pour l'élégance et le raffinement, et cela se reflète également dans leur approche de l'intimité.

Le Gémeaux, sous l'influence de Mercure, la planète de la communication, est vif d'esprit, curieux et flexible. Ils aiment l'excitation et la nouveauté, ce qui peut se traduire par une exploration audacieuse et créative en matière d'intimité. Leur penchant pour la communication ouverte peut aider à guider leur partenaire Balance dans des explorations plus profondes et plus satisfaisantes de l'intimité.

Dans leur intimité physique, il y a un mélange de romance et de passion de la part de la Balance, combiné à l'agilité mentale et à l'esprit aventureux du Gémeaux. Leur relation est marquée par une communication claire, des jeux de rôle, des échanges d'idées et une exploration créative.

Ils doivent faire attention à certaines tendances qui pourraient perturber leur harmonie intime. La Balance, avec son besoin d'équilibre et de perfection, peut parfois être trop préoccupée par l'aspect esthétique de leur intimité, tandis que le Gémeaux, avec son besoin de stimulation mentale constante, peut parfois être distrait.

POSSESSION ET JALOUSIE

- Possession

Dans le tourbillon de leurs relations interpersonnelles, la possession peut être un aspect intéressant à explorer. Ils vivent l'amour et les relations de manière différente, ce qui donne lieu à des dynamiques uniques.

Le Gémeaux, gouverné par Mercure, la planète de la communication, est connu pour sa curiosité et son désir d'échange intellectuel. Il ne cherche pas à posséder son partenaire, mais plutôt à comprendre et à connecter avec lui sur un plan mental. Il est plus investi dans le partage d'idées et la stimulation intellectuelle que dans l'acquisition de la possession d'autrui.

La Balance, sous l'influence de Vénus, la planète de l'amour et de la beauté, aspire à une harmonie dans ses relations. Elle n'aspire pas non plus à la possession, mais plutôt à un équilibre et à une relation égalitaire. Elle est plus intéressée par la création d'une relation harmonieuse et équilibrée que par la possession de leur partenaire.

Ils ont tendance à respecter l'indépendance et l'autonomie de l'autre dans la relation. Cependant, les problèmes peuvent survenir si l'un d'eux commence à ressentir un sentiment de possession à l'égard de l'autre, car cela pourrait créer un déséquilibre dans la relation.

- Jalousie

La Balance, en quête constante de reconnaissance et d'admiration, pourrait ressentir de la jalousie si le Gémeaux, connu pour sa sociabilité et son charme, attire l'attention des autres. Le besoin de la Balance d'être admirée et appréciée peut conduire à des sentiments de jalousie s'ils sentent que leur partenaire Gémeaux reçoit plus d'attention.

De même, le Gémeaux, avec sa nature curieuse et son désir d'explorer de nouveaux horizons, pourrait ressentir de la jalousie si la Balance, avec son charme et son raffinement, attire l'attention d'autres personnes. Le Gémeaux pourrait ressentir de l'insécurité et de la jalousie si la Balance semble attirer plus d'intérêt.

Il est important pour eux de comprendre et de communiquer leurs sentiments de jalousie. La communication ouverte et honnête peut aider à résoudre ces problèmes et à maintenir l'harmonie et l'équilibre dans leur relation. En fin de compte, leur capacité à gérer ces sentiments de possession et de jalousie déterminera la réussite de leur relation.

FIDÉLITÉ

La Balance, gouvernée par Vénus, a un fort désir d'harmonie et de partenariat durable. Elle est encline à chercher l'officialisation d'une relation, ce qui peut signifier un engagement profond et une fidélité envers son partenaire. Cependant, son amour pour la beauté, le charme et son désir d'être aimé peuvent parfois l'amener à chercher l'admiration ailleurs si elle ne se sent pas suffisamment appréciée dans sa relation actuelle.

Le Gémeaux est un signe mutable et flexible, ce qui peut parfois être interprété comme de l'inconstance. Il est charmant, sociable et a souvent une large gamme d'intérêts et d'amis. Il est naturellement curieux, ce qui peut l'amener à explorer de nouvelles relations. Pourtant, son charme et sa sociabilité peuvent aussi le rendre très attachant, capable d'entretenir des relations profondes et significatives. Il a une aversion profonde pour l'ennui et la routine, ce qui peut parfois entraîner une tentation d'explorer en dehors de la relation.

La dynamique entre eux peut être très intéressante en matière de fidélité. Leur attrait mutuel pour la sociabilité, la conversation et l'harmonie peut créer une relation très équilibrée et enrichissante. Ils peuvent satisfaire le besoin de la Balance d'être admirée et aimée, tandis que la Balance peut offrir au Gémeaux un partenariat stable et aimant, qui pourrait tempérer leur tendance à l'inconstance.

Ils doivent faire attention à ne pas tomber dans les pièges potentiels de leurs natures respectives. La Balance doit veiller à ne pas chercher constamment l'admiration extérieure, ce qui pourrait éroder la confiance et la fidélité au sein de leur relation. Le Gémeaux, quant à lui, doit veiller à ne pas laisser son désir de nouveauté et de changement l'entraîner loin de son engagement envers la Balance.

La fidélité entre eux dépendra de leur capacité à communiquer ouvertement et à répondre aux besoins de l'autre. Leur attrait mutuel pour le dialogue et l'équilibre les met en bonne position pour surmonter les défis et maintenir une relation fidèle et durable.

LIBERTÉ ET INDÉPENDANCE

- Liberté

Leur amour pour la liberté est un dénominateur commun significatif qui fait de la relation une alliance attrayante et stimulante. Pour eux, la liberté n'est pas seulement une notion abstraite, mais un impératif vital qui façonne leur façon de vivre, d'aimer et d'interagir avec le monde qui les entoure.

Le Gémeaux, en particulier, possède une curiosité insatiable et une soif d'expérience qui le poussent à chercher constamment de nouveaux horizons. Cette envie de bouger, de voyager, de découvrir l'inconnu est inhérente à sa nature. La Balance, avec son amour pour l'harmonie et la beauté, aspire à la liberté pour exprimer son raffinement et pour maintenir l'équilibre qui lui est si précieux.

Dans leur relation, ils comprennent et respectent cet amour mutuel pour la liberté. Au lieu de se sentir menacés ou insécurisés par le désir de l'autre d'explorer, ils sont capables de le célébrer et de le nourrir. Ils peuvent donc maintenir une dynamique qui permet à chacun d'explorer ses propres intérêts sans se sentir limité ou contrôlé.

- Indépendance

L'indépendance est une autre caractéristique essentielle de leur relation.

Ils sont tous deux des signes d'air, qui sont connus pour leur individualité et leur autonomie. Bien qu'ils apprécient la compagnie de l'autre, ils attachent une grande importance à leur autonomie personnelle.

Le Gémeaux, avec sa nature mutable, a besoin de variété et de stimulation intellectuelle constante. Il apprécie le fait de pouvoir penser, de communiquer et d'échanger des idées en toute indépendance. Il n'aime pas se sentir restreint ou étouffé, et il a besoin d'espace pour explorer ses propres pensées et idées.

La Balance, d'autre part, avec son sens du raffinement et du bon goût, a besoin d'espace pour exprimer son amour de la beauté et de l'harmonie. Elle a besoin d'indépendance pour créer un environnement qui reflète ses valeurs esthétiques. Et elle a besoin d'autonomie pour faire les choix qui maintiennent son équilibre intérieur.

Dans leur relation, ils respectent l'indépendance de l'autre. Ils comprennent que leur individualité n'est pas une menace pour leur relation, mais plutôt une force qui l'enrichit. Ils sont capables de maintenir une dynamique qui valorise et respecte l'indépendance de chacun, tout en nourrissant leur lien d'amour et de compréhension mutuelle.

MARIAGE

Le mariage est une étape significative et il promet d'être un voyage passionnant et plein d'aventures. Guidés par Vénus et Mercure respectivement, ces deux signes apportent une combinaison unique de charme, de romance, de communication et de curiosité à leur union.

La Balance, gouvernée par la planète de l'amour, Vénus, est connue pour sa quête d'équilibre, de justice et de beauté. Avec sa vivacité d'esprit, sa sympathie et son charme, elle possède une capacité incroyable à créer un foyer accueillant et esthétiquement plaisant. Le Gémeaux, quant à lui, est une âme mutable et changeante, qui est toujours prêt à découvrir quelque chose de nouveau. Il apporte son esprit vif, son intelligence, et une soif de conversation et de connaissances.

Dans un mariage, ils sont complémentaires. La Balance, avec son amour pour l'équilibre et la justice, apportera une certaine stabilité dans la relation, tandis que le Gémeaux, avec sa flexibilité et son amour pour le changement, apportera la variété et l'excitation. La Balance apprécie la compagnie et a besoin d'être constamment entourée, tandis que le Gémeaux est sociable et agréable, aimant échanger avec les autres, ce qui fait qu'ils sont tous deux très appréciés dans leur cercle social.

Il y a des défis. Le Gémeaux peut trouver le désir de la Balance pour l'harmonie et l'équilibre un peu restrictif, tandis que la Balance peut être frustrée par l'inconstance du Gémeaux. La Balance cherche la perfection et peut parfois être indécise, ce qui peut entrer en conflit avec l'adaptabilité et l'agitation du Gémeaux.

Mais le facteur clé qui peut faire fonctionner ce mariage, c'est la communication. Ce sont des communicateurs naturels. Le Gémeaux est gouverné par Mercure, la planète de la communication, et la Balance est connue pour son aptitude à l'écoute et à la négociation. Ils ont besoin de parler, d'exprimer leurs idées, leurs craintes et leurs désirs. S'ils sont capables de maintenir une communication ouverte et honnête, ils peuvent surmonter leurs différences et renforcer leur lien.

Dans l'ensemble, leur mariage est une alliance de deux signes d'air. Avec leur amour pour la sociabilité, leur intelligence et leur besoin de communication, ils ont tous les outils nécessaires pour construire une relation solide et durable. Il y aura des hauts et des bas, des moments de passion et des moments de conflit, mais avec l'amour et le respect mutuels, ils peuvent naviguer à travers les tempêtes et trouver leur équilibre parfait.

RUPTURE, DIVORCE, RECONSTRUCTION

- Rupture

Ils ont toujours été complémentaires, brillants à leur manière. La Balance, gouvernée par Vénus, la planète de l'amour et de la beauté, et le Gémeaux, mutable, vif et adaptable. Mais avec le temps, ils ont commencé à révéler leurs défauts. La Balance, connue pour son indécision, a commencé à peser constamment le pour et le contre, incapable de faire un choix clair. Cette constante hésitation a commencé à épuiser le Gémeaux, qui, bien que flexible et adaptable, a commencé à ressentir le poids de l'incertitude de la Balance.

Le Gémeaux a montré son côté désinvolte et inconstant, ses sentiments changeants comme le vent. Cette inconstance a commencé à inquiéter la Balance, qui cherche l'équilibre et la stabilité. L'inconstance du Gémeaux est apparue comme une menace pour l'harmonie que la Balance cherchait toujours à atteindre.

Ainsi, le fossé entre eux s'est élargi, transformant leur danse en un jeu d'évitement. La rupture était inévitable.

- Divorce

Le processus de divorce a été particulièrement difficile pour la Balance, qui déteste le désordre et la confrontation. La Balance, toujours à la recherche de l'harmonie, a eu du mal à gérer le chaos qui s'est installé dans leur vie.

Le Gémeaux, en revanche, a adopté une approche plus légère, évitant les problèmes et essayant de maintenir un semblant de normalité. Cette attitude a souvent donné l'impression d'un manque d'engagement dans le processus, ce qui a davantage frustré la Balance.

Les tensions ont atteint leur paroxysme lorsque le Gémeaux, avec sa nature mutable et changeante, a commencé à manipuler la situation à son avantage. Cela a mis en lumière le côté sombre de la dualité du Gémeaux, aggravant le sentiment d'injustice de la Balance.

- Reconstruction

Après la tempête, la reconstruction a été un processus long et ardu pour eux. La Balance, qui attache une grande importance à la beauté et à l'harmonie, s'est concentrée sur la réorganisation de son espace de vie, cherchant à recréer un environnement qui reflète son sens de l'esthétique.

Le Gémeaux, en revanche, a cherché à renouer avec sa sociabilité et son amour de la nouveauté. Il a cherché à élargir son cercle d'amis, à découvrir de nouveaux horizons et à se distraire de la réalité de sa situation.

Au fil du temps, ils ont tous deux commencé à guérir et à apprendre de leur passé. La Balance a appris l'importance de faire des choix et de prendre des décisions, même si elles sont difficiles. Le Gémeaux a réalisé que la constance et la fiabilité sont aussi importantes que la flexibilité et l'adaptabilité.

Ainsi, bien qu'ils aient dû traverser une période difficile, ils ont réussi à se reconstruire et à grandir à partir de cette expérience. Ils ont appris à comprendre leur propre valeur et à ne pas dépendre de l'autre pour leur bonheur ou leur satisfaction. Leurs caractéristiques uniques, qui autrefois semblaient si complémentaires, étaient devenues leurs propres outils pour la reconstruction et la croissance personnelle.

La Balance, avec son sens inné de la beauté et de l'équilibre, a commencé à chercher cet équilibre à l'intérieur d'elle-même plutôt que dans ses relations. Elle a appris à embrasser ses propres défauts et à les considérer comme des aspects de son propre charme unique.

Le Gémeaux, avec sa nature adaptable et son amour du changement, a commencé à utiliser ces qualités pour se redécouvrir et se réinventer. Il a appris à apprécier les moments de calme et de stabilité et à les voir comme des occasions de croissance plutôt que comme des signes d'ennui.

~

CHAPITRE 5

Balance - Cancer

DESCRIPTION DU SIGNE DU CANCER

Le Cancer est gouverné par la Lune avec ses émotions, sa sensibilité. Les phases lunaires peuvent induire des changements émotionnels incontrôlables tels que des crises de tristesse ou de rage.

Dans le cadran du zodiaque, le Cancer représente la famille, le foyer, la foule, le public, la mémoire, l'humeur, le caprice, le domicile, les origines, le passé, les parents, la mère.

Doté d'une grande imagination, le natif du Cancer est sensible, soumis, résigné, rêveur et nostalgique. D'un caractère plutôt passif, il a besoin de sécurité, de rêve. Il est cependant intelligent, fiable et sait s'adapter. Vu sous son mauvais côté, le natif du Cancer se montre possessif, lunatique, nonchalant, timide, susceptible et sournois.

D'une nature inquiète et intuitive, le cancer est fragile (surtout émotionnellement), cela peut le rendre désagréable, voire agressif envers tout ce qu'il considère comme étant extérieur à son cercle ou sa famille. Il est alors à la fois susceptible et impressionnable. Blessé ou mis en difficulté, il a aussi tendance à se cacher dans sa carapace, il peut alors bouder et ne fait pas le premier pas.

Pour s'épanouir et être à son meilleur, il a besoin de se sentir entouré, soutenu et protégé. Un conflit, une blessure ou un revers peuvent l'empêcher de libérer son imagination car il est surtout occupé à tout mettre en œuvre pour se protéger. Cette peur d'être blessé émotionnellement le pousse à se centrer très fort sur lui-même, même s'il aime aussi protéger toute personne ou animal qu'il trouve sur son chemin. Il ne supporte pas l'indifférence des autres.

LE CANCER ET L'AMOUR

Le Cancer, signe de l'eau, est profondément imprégné par les courants émotionnels, naviguant constamment entre le monde tangible de la réalité et les profondeurs insondables de ses propres sentiments. Ces natifs se caractérisent par leur nature sentimentale, leur tendresse, leur sensualité, leur appétit pour la vie et leur générosité. Ces qualités ne sont pas seulement apparentes dans leurs relations intimes, mais se répercutent également dans toutes les interactions qu'ils entretiennent avec le monde qui les entoure.

Cependant, leur douceur et leur sensibilité ne sont pas sans ombres. Le natif du Cancer a aussi des aspects de sa personnalité qui peuvent se révéler difficiles pour ceux qui entrent dans sa sphère personnelle. Il peut être possessif et jaloux, des traits qui sont souvent le produit de ses insécurités profondément enracinées. Lorsque ses émotions sont mal gérées ou lorsqu'il se sent menacé, il peut devenir violent et agressif, des comportements qui sont à l'opposé de sa nature affectueuse.

Le Cancer est en quête constante de sécurité et d'ancrage. Il aspire à trouver un partenaire qui peut lui offrir la protection qu'il recherche, un refuge dans un monde qu'il perçoit souvent comme étant plein de dangers et d'incertitudes. Cette aspiration à la sécurité se traduit également par son désir de fonder rapidement un foyer, un lieu où il peut se sentir en sécurité et aimé. Par nature, il est très protecteur, mettant tout en œuvre pour assurer la sécurité de ses biens et de ceux qu'il aime.

Cependant, sa vulnérabilité émotionnelle peut aussi être une source de souffrance. Par peur d'être blessé, il peut décider de dissimuler ses sentiments, préférant s'enfermer dans sa carapace plutôt que de risquer de se révéler et d'être rejeté ou trahi. Cette tendance à l'auto-protection peut rendre difficile pour les autres de comprendre vraiment ce qui se passe dans son cœur et son esprit.

En outre, si son enfance a été marquée par des épreuves ou des difficultés, le natif du Cancer peut devenir froid et distant. Les blessures du passé peuvent l'amener à craindre de s'ouvrir aux autres, de peur de revivre les mêmes douleurs. Cela peut entraver son désir de connexion et d'amour, rendant ses relations plus compliquées qu'elles ne le seraient autrement.

En résumé, le Cancer est un signe complexe, animé par des émotions profondes et parfois contradictoires. Il cherche l'amour et la sécurité, mais doit également apprendre à gérer sa peur de la souffrance et ses insécurités. En naviguant dans ces eaux émotionnelles complexes, il doit trouver un équilibre entre sa tendance à s'auto-protéger et son désir profond de connexion et d'intimité.

LA RENCONTRE ENTRE UNE BALANCE ET UN CANCER

La rencontre est un mélange de deux énergies contrastées mais potentiellement complémentaires. Ils sont tous deux en quête d'harmonie et de tranquillité, mais leurs voies pour y parvenir sont différentes.

La Balance, gouvernée par Vénus, la planète de l'amour et de la beauté, est charmante, sympathique et vive d'esprit. Elle est également connue pour sa créativité et son sens du raffinement. Elle aspire à l'équilibre, à la justice et à la paix et est souvent très sociable, appréciée pour sa diplomatie et son habileté dans les négociations. Son besoin d'être aimé et admiré est fort, tout comme son désir d'être entouré d'élégance et de raffinement. Cependant, son penchant pour la séduction et son désir de plaire peuvent parfois créer des tensions, et son indécision peut être source de frustration.

Le Cancer est gouverné par la Lune, symbole d'émotions et de sensibilité. Il est connu pour sa grande imagination et sa fiabilité, mais aussi pour son besoin de sécurité. Ses émotions peuvent être changeantes et intenses, et il peut parfois se montrer possessif ou sournois. Le Cancer a besoin de se sentir entouré, soutenu et protégé, et peut être particulièrement sensible aux blessures émotionnelles. En amour, le Cancer est sentimental et tendre, mais aussi parfois possessif et jaloux.

La relation peut être riche et gratifiante, mais elle nécessite une compréhension et une communication claires. La Balance peut apporter à la relation son charme, son sens du raffinement et sa capacité à socialiser, tandis que le Cancer peut apporter sa sensibilité, sa loyauté et son besoin de sécurité. Ils devront tous deux faire preuve de patience et de compréhension pour surmonter les défis qui peuvent survenir. La Balance devra être consciente de la sensibilité du Cancer et faire preuve de tact et de délicatesse dans ses interactions, tandis que le Cancer devra apprendre à tolérer l'indécision de la Balance et son désir de plaire.

ROMANCE, PLAISIRS, SÉDUCTION

- Romance

La romance entre eux est une danse délicate entre deux entités qui, bien qu'elles aient des valeurs fondamentales similaires, expriment leur amour de manière distincte. La Balance, gouvernée par Vénus, la planète de l'amour et de la beauté, est un grand romantique. Elle se délecte de l'amour et le vit avec charme et finesse, cherchant toujours à plaire et à séduire. Le Cancer, en revanche, est plus réservé et introverti. Gouverné par la Lune, ce signe est extrêmement sensible et intuitif. Il a besoin d'un partenaire qui comprend ses changements d'humeur et qui peut offrir un refuge sûr et aimant.

Ensemble, ils peuvent créer une romance douce et équilibrée. La Balance apporte son côté sociable et harmonieux, tandis que le Cancer apporte sa capacité à créer un environnement familial sûr et confortable. L'équilibre est le mot clé de cette union, où chacun apporte quelque chose de différent à la table. Cependant, des conflits peuvent survenir si la Balance, avec son amour du plaisir et de la beauté, trouve le Cancer trop possessif ou émotionnel. De même, le Cancer peut se sentir négligé si la Balance se montre trop indécise ou distante.

- Plaisirs

La quête de plaisir pour eux est un terrain fertile pour l'expression de leur amour et de leur affection. Le Cancer, étant sensuel et gourmand, peut montrer son amour en créant un environnement confortable et chaleureux, peut-être en cuisinant un repas délicieux ou en organisant des soirées intimes. La Balance, de son côté, avec son sens aigu de l'esthétique, peut apporter du plaisir en créant un environnement beau et harmonieux, peut-être en décorant la maison avec goût ou en organisant des fêtes sociales élégantes.

Il est important pour eux de comprendre et de respecter les besoins de l'autre. Le Cancer peut parfois avoir besoin de moments de solitude pour se ressourcer, tandis que la Balance peut avoir besoin de moments de sociabilité pour se sentir énergisée. Le respect mutuel de ces besoins est crucial pour leur bonheur conjoint.

- Séduction

La séduction entre eux est un jeu complexe de charme et de sensibilité.

La Balance, avec son charme naturel et sa vivacité d'esprit, est un véritable maître de la séduction. Elle peut séduire le Cancer avec son élégance et sa sociabilité, le faisant se sentir aimé et admiré. Le Cancer, de son côté, peut séduire la Balance avec sa profondeur émotionnelle et son dévouement. Il peut montrer à la Balance qu'il est là pour elle, prêt à offrir un amour profond et inconditionnel.

Le Cancer peut parfois se sentir menacé par le besoin de la Balance de plaire aux autres, craignant qu'elle ne lui soit pas totalement dévouée. De même, la Balance peut se sentir déconcertée par la possessivité du Cancer, craignant qu'elle ne restreigne sa liberté.

AFFINITÉS, RELATIONS AMOUREUSES

- Affinités

Ils partagent une certaine affinité naturelle, émanant de leurs sensibilités respectives. La Balance, gouvernée par Vénus, planète de l'amour et de la beauté, et le Cancer, sous l'influence de la Lune, symbole d'émotions et de sensibilité, partagent tous deux une approche émotionnelle de la vie. Leur complémentarité est tangible dans leur recherche commune d'harmonie et de tranquillité dans leurs interactions.

La Balance, connue pour sa sociabilité et son charme, peut apporter une certaine légèreté à la vie du Cancer, souvent plus introverti et soucieux. Ils trouvent tous deux un grand intérêt dans la vie sociale, bien que le Cancer préfère souvent des rassemblements plus intimes et familiaux. La Balance peut aider le Cancer à s'ouvrir et à se sentir plus à l'aise dans des situations sociales plus larges, alors que le Cancer peut offrir à la Balance un espace de confort et de sécurité, un lieu où elle peut se sentir protégée.

En tant que signe d'air, la Balance apporte une dose de créativité et d'imagination qui peut émerveiller le Cancer. Le Cancer, en tant que signe d'eau, peut aider la Balance à plonger plus profondément dans ses émotions et à se connecter à un niveau plus intime. Le Cancer peut aussi apporter un sens de la profondeur et de l'introspection à la relation, aidant la Balance à se connecter à un niveau plus émotionnel.

Ils peuvent rencontrer des défis. La Balance est connue pour son indécision, pesant constamment le pour et le contre, ce qui peut être source de frustration pour le Cancer, qui est plus intuitif et émotionnel. De plus, le Cancer peut être déconcerté par le désir de la Balance de plaire à tous, ce qui peut parfois être perçu comme un manque de sincérité.

- Relations amoureuses

En amour, ils peuvent créer une relation riche en romance et en affection.

La Balance, romantique et charmante, saura séduire le Cancer, qui recherche la sécurité et l'amour profond. La Balance peut donner au Cancer l'affection et l'attention qu'il désire, alors que le Cancer peut offrir à la Balance la sécurité et l'approbation dont elle a besoin.

Le Cancer, étant très attaché à son foyer et sa famille, peut offrir à la Balance un sentiment d'appartenance et de stabilité. La Balance, quant à elle, avec son sens du raffinement et du bon goût, peut transformer leur maison en un espace esthétiquement agréable et confortable, ce qui est très apprécié par le Cancer.

Ils devront faire face à certains défis. La Balance peut parfois se sentir étouffée par la possessivité du Cancer, alors que le Cancer peut se sentir blessé par l'indécision de la Balance. La Balance doit faire attention à ne pas provoquer la jalousie du Cancer avec son besoin de plaire à tout le monde. En revanche, le Cancer doit veiller à ne pas se replier sur lui-même.

FOUGUE ET PASSION

- Fougue

Lorsqu'ils se rencontrent, ils découvrent rapidement des sentiments profonds l'un pour l'autre, une passion qui s'installe et qui étonne par son intensité. Ils sont tous deux gouvernés par des planètes qui incarnent l'amour et l'émotion : Vénus pour la Balance, la Lune pour le Cancer. Cette combinaison astrologique crée un lien intense, fait de fougue et de passion.

La Balance, charmante et sociable, apprécie le besoin de sécurité et le côté sentimental du Cancer. Sa légèreté d'esprit et sa sociabilité enchantent le Cancer, qui, en retour, se sent en sécurité en présence de la Balance. La fougue de la Balance, stimulée par Vénus, est attirée par l'émotion profonde et la sensibilité du Cancer, créant un lien d'une profondeur unique.

Le Cancer, lui, apporte la passion dans la relation. Son côté émotionnel et intuitif, combiné à sa tendance à protéger ceux qu'il aime, provoque une intensité qui stimule la fougue de la Balance. Lorsque le Cancer est en phase de haute émotion, cela peut déclencher une réaction passionnée de la Balance, qui est attirée par ce côté émotionnel du Cancer.

Ils doivent faire attention à leur fougue. Le Cancer peut parfois se sentir submergé par l'intensité de la Balance, tandis que la Balance peut se sentir étouffée par le besoin de sécurité du Cancer. Mais avec une bonne communication et une compréhension mutuelle, ils peuvent transformer ces défis en une passion enrichissante.

- Passion

La passion est alimentée par leur besoin mutuel d'amour et d'appréciation.

La Balance, guidée par Vénus, a un grand besoin d'être aimée et admirée, ce qui correspond parfaitement au Cancer qui recherche une relation profonde et sincère.

La Balance est attirée par la passion du Cancer pour la sécurité et la famille. Cette passion pour les choses profondes et importantes de la vie est très séduisante pour la Balance, qui apprécie cette profondeur. Le Cancer est attiré par la quête de perfection de la Balance, sa capacité à créer l'harmonie et à éviter le désordre.

Leur passion peut parfois mener à des conflits. Le besoin de la Balance de plaire aux autres peut provoquer la jalousie du Cancer, tandis que la tendance du Cancer à se replier sur lui-même peut frustrer la Balance. Avec de la patience et de la compréhension, ils peuvent apprendre à naviguer dans ces situations et à transformer leur passion en une force pour leur relation.

La passion est un mélange unique de l'amour pour l'harmonie et le besoin de sécurité. Avec le bon équilibre, ils peuvent créer une relation profonde et durable, pleine de fougue et de passion.

INTIMITÉ PHYSIQUE

Lorsqu'ils se rencontrent pour la première fois, ils peuvent sembler provenir de deux mondes différents. Leur façon d'appréhender l'intimité physique peut être marquée par des divergences de prime abord, mais cela ne signifie pas qu'une connexion profonde et significative ne peut pas être établie. En fait, c'est leur différence qui pourrait finalement constituer la clé de leur compatibilité.

La Balance, régie par Vénus, la planète de l'amour et de la beauté, est un signe qui se caractérise par son charme et sa vivacité d'esprit. Avec un sens prononcé de la beauté et du raffinement, la Balance aborde l'intimité physique avec un souci du détail et de l'harmonie. Cette approche esthétique de l'amour peut transformer l'intimité en une danse délicate et gracieuse, où chaque geste est soigneusement mesuré et chaque toucher est chargé d'une affection délicate.

Le Cancer est un signe gouverné par la Lune, symbole d'émotion et de sensibilité. Ce signe d'eau est profondément intuitif et émotionnel, ce qui se reflète dans sa manière d'aborder l'intimité. Pour le Cancer, l'intimité n'est pas seulement physique, elle est aussi émotionnelle. Il a besoin de se sentir connecté à son partenaire sur un plan plus profond avant de pouvoir s'engager pleinement dans l'acte d'amour.

Au début, ces deux approches de l'intimité peuvent sembler incompatibles.

La Balance pourrait trouver le Cancer trop émotif ou trop réservé, tandis que le Cancer pourrait percevoir la Balance comme trop superficielle ou trop préoccupée par l'apparence extérieure. Avec le temps, ils peuvent apprendre à apprécier les forces de l'autre et à combler leurs propres lacunes.

La Balance peut enseigner au Cancer à être plus expressif et à prendre en compte l'importance du charme et de l'attraction physique. En retour, le Cancer peut aider la Balance à comprendre que l'intimité n'est pas seulement une affaire de toucher et de sensation, mais aussi d'émotion et de connexion profonde. En s'ouvrant l'un à l'autre et en apprenant à comprendre leurs différences, ils peuvent créer une intimité qui est à la fois passionnée et émouvante, un mélange parfait de passion physique et d'intimité émotionnelle.

Il faut cependant noter que leur relation peut être confrontée à des défis. La Balance, qui déteste le désordre et l'indécision, peut être frustrée par l'humeur changeante et la nature parfois possessive du Cancer. Le Cancer, qui a besoin de sécurité émotionnelle, peut se sentir menacé par le besoin de la Balance de plaire et de séduire. Pour surmonter ces obstacles, ils devront faire preuve de patience et de compréhension, et être prêts à faire des compromis.

POSSESSION ET JALOUSIE

- Possession

En ce qui concerne la possession, ils sont tous deux guidés par des émotions fortes, bien qu'exprimées de différentes manières. Pour le Cancer, gouverné par la Lune, les phases de cet astre peuvent induire des changements émotionnels spectaculaires, y compris des tendances possessives. Ce natif peut être très attaché à ceux qu'il aime et peut souvent interpréter ce lien comme un droit de possession, non pas dans un sens matérialiste, mais plutôt émotionnel.

La Balance, gouvernée par Vénus, la planète de l'amour, se caractérise également par une certaine tendance à la possession. La Balance a souvent une forte attirance pour la beauté et l'harmonie, ce qui peut se manifester par un désir de maintenir ceux qu'elle aime proches et en équilibre. C'est une forme plus subtile de possession, qui repose plus sur l'établissement d'une harmonie que sur le besoin de sécurité.

Ces deux attitudes pourraient se compléter dans une relation, à condition que les deux signes communiquent ouvertement et fassent preuve de compréhension envers l'autre. Le Cancer pourrait trouver du réconfort dans la quête d'harmonie de la Balance, tandis que cette dernière pourrait apprécier la profondeur émotionnelle du Cancer. Cependant, une mauvaise gestion de ces tendances possessives pourrait mener à des tensions et des conflits.

• Jalousie

Quant à la jalousie, ils sont tous deux susceptibles de l'éprouver, bien que là encore, de différentes manières. Le Cancer, très sensible et intuitif, peut devenir jaloux s'il sent que la sécurité de sa relation est menacée. Son instinct de protection peut être facilement déclenché, et une fois qu'il est en mode défensif, sa jalousie peut devenir assez intense.

La Balance, d'autre part, pourrait ressentir de la jalousie non pas tant en raison de l'insécurité, mais plutôt de la perturbation de l'harmonie dans ses relations. Comme la Balance est très axée sur le maintien de l'équilibre et de la paix, toute perturbation de cet équilibre, y compris la jalousie d'un partenaire, pourrait la déstabiliser. Cela pourrait être exacerbé par le besoin de la Balance de plaire aux autres, ce qui pourrait conduire à des malentendus et à des sentiments de jalousie.

Dans une relation entre eux, la gestion de la jalousie pourrait être un défi. Une communication ouverte et honnête serait essentielle pour atténuer les sentiments de jalousie. Ils devraient tous deux apprendre à comprendre et à respecter les motivations de l'autre, et à faire preuve de patience et de compréhension lorsque l'autre exprime ses inquiétudes.

FIDÉLITÉ

La fidélité est un concept complexe, aux multiples facettes, qui s'enracine autant dans l'amour que dans la confiance mutuelle. Pour eux, la fidélité prend une teinte particulière qui découle de leur nature profonde, de leur besoin de connexion et de leur aspiration à l'équilibre.

La Balance, sous la gouvernance de Vénus, est guidée par le désir d'harmonie et de beauté dans toutes ses relations. Elle valorise la justice et l'équilibre, ce qui se manifeste dans son engagement envers la fidélité. Pour la Balance, la fidélité ne se limite pas à l'engagement romantique, mais s'étend également à un profond respect pour son partenaire. Elle aspire à une relation basée sur l'équité, dans laquelle chaque partenaire donne et reçoit en quantités égales. La Balance peut être considérée comme un partenaire fidèle, cherchant constamment à maintenir la paix et l'harmonie dans sa relation.

Le Cancer, sous l'influence de la Lune, est un signe profondément émotionnel et intuitif. Le Cancer cherche la sécurité dans ses relations et a un fort désir de protection. La fidélité, pour un Cancer, est enracinée dans cette aspiration à la sécurité émotionnelle. Pour lui, être fidèle signifie plus que simplement rester engagé envers un partenaire ; cela signifie aussi créer un environnement sûr et aimant pour que leur relation puisse prospérer. Par conséquent, ils sont susceptibles d'être très attachés à leur partenaire et de faire preuve d'une grande fidélité.

Dans une relation entre eux, la fidélité peut donc prendre une forme profonde et significative. Ils valorisent tous deux la loyauté et l'engagement envers leur partenaire, bien que leur manière de l'exprimer puisse varier en raison de leurs différences de personnalité. La Balance, avec son amour pour l'équilibre et la justice, peut aider à maintenir un sentiment d'égalité dans leur relation, ce qui peut rassurer le Cancer et l'aider à se sentir en sécurité. En retour, le Cancer, avec son besoin de protection et de sécurité, peut aider la Balance à se sentir aimée et appréciée, renforçant ainsi leur lien de fidélité.

Cependant, leur chemin vers la fidélité peut comporter des défis. La Balance, avec son désir de plaire, peut parfois se perdre dans ses efforts pour maintenir l'harmonie, ce qui peut entraîner des malentendus ou des tensions. Le Cancer, quant à lui, peut parfois devenir trop possessif ou jaloux, ce qui peut créer des problèmes de confiance. Il sera donc important pour eux de communiquer ouvertement et honnêtement sur leurs attentes et leurs besoins en matière de fidélité pour maintenir leur relation saine et équilibrée.

LIBERTÉ ET INDÉPENDANCE

- Liberté

En dépit de leurs profondes différences, ils parviennent à trouver une forme de symbiose dans leur relation, où la notion de liberté s'exprime de manière différente pour chacun d'entre eux. Pour la Balance, la liberté est souvent liée à sa vie sociale, à son besoin de partager et de communiquer avec les autres. Sa nature sociable l'amène à chercher constamment de nouvelles connexions et expériences. Le Cancer, quant à lui, associe la liberté à la sécurité de son environnement familial et à la capacité de se connecter à ses émotions profondes sans crainte de rejet ou de jugement.

Le Cancer, en tant que signe d'eau, est intrinsèquement émotionnel et possède une profonde intuition. Sa liberté est associée à la possibilité de s'immerger dans ses sentiments sans craindre d'être submergé. Par conséquent, pour que le Cancer se sente libre dans cette relation, la Balance doit être à l'écoute et offrir un environnement sûr où le Cancer peut exprimer ses émotions.

La Balance est un signe d'air et apprécie la liberté de pensée, d'expression et de mouvement. Elle valorise les échanges intellectuels et a besoin d'un certain degré d'indépendance pour pouvoir interagir avec différents cercles sociaux. Pour que la Balance se sente libre dans cette relation, le Cancer doit comprendre et respecter son besoin d'interaction sociale et d'exploration intellectuelle.

- Indépendance

La notion d'indépendance est très différente. La Balance, guidée par sa planète régnante Vénus, cherche souvent l'équilibre dans ses relations. Elle peut maintenir son indépendance tout en étant en relation, car elle comprend l'importance de préserver sa propre identité et ses propres intérêts. Son indépendance se manifeste par son désir de faire les choses à sa manière, tout en gardant une harmonie dans la relation.

Le Cancer a souvent du mal à équilibrer son besoin de sécurité avec son désir d'indépendance. Son indépendance peut être exprimée à travers son fort sens de l'individualité et sa capacité à s'occuper de lui-même. Cependant, son besoin de sécurité et de protection peut parfois entraver son désir d'indépendance.

Il est important pour eux de respecter leur indépendance respective. La Balance doit comprendre que le Cancer a besoin de son propre espace pour se sentir en sécurité, tandis que le Cancer doit comprendre que la Balance a besoin de sa liberté sociale et intellectuelle.

MARIAGE

Dès le premier regard, ils sont captivés l'un par l'autre. Leur union est une danse délicate entre l'esthétique raffinée de la Balance et l'émotivité profonde du Cancer.

La Balance, gouvernée par Vénus, est naturellement attirée par l'harmonie et le raffinement. Elle aspire à un environnement élégant et bien entretenu et valorise les interactions sociales harmonieuses. Cette attirance pour la beauté, l'équilibre et la justice fait d'elle un partenaire idéal pour le Cancer, qui, malgré sa nature émotionnelle, aspire à un foyer stable et chaleureux.

Le Cancer, quant à lui, est gouverné par la Lune et est intensément connecté à son monde émotionnel. Il a une grande capacité à comprendre et à gérer les émotions, y compris celles de sa partenaire. Sa nature intuitive lui permet de comprendre les désirs profonds de la Balance, ce qui renforce leur lien. De plus, le Cancer valorise profondément le foyer et la famille, ce qui est apprécié par la Balance qui cherche à créer un environnement équilibré et harmonieux.

En tant que mari et femme, ils créent un équilibre parfait entre l'air et l'eau. La Balance apporte de la légèreté et de la sociabilité dans leur vie commune, aidant le Cancer à sortir de sa carapace. Le Cancer, en retour, apporte de la profondeur et de la sécurité à la relation, ce qui est très apprécié par la Balance.

Leur mariage n'est pas sans défis. La Balance, avec son amour pour la beauté et son désir d'harmonie, peut parfois sembler superficielle au Cancer, qui valorise l'authenticité émotionnelle. De plus, la Balance peut parfois avoir du mal à comprendre les fluctuations émotionnelles du Cancer. D'un autre côté, le Cancer peut se sentir frustré par l'indécision de la Balance et sa tendance à peser le pour et le contre avant de prendre une décision.

Ces défis peuvent être surmontés grâce à la communication et à la compréhension mutuelle. La Balance, avec sa capacité naturelle à négocier et à résoudre les conflits, peut aider à trouver un terrain d'entente. Le Cancer, de son côté, peut aider la Balance à se connecter à un niveau émotionnel plus profond.

Leur mariage est une alliance de beauté et de profondeur émotionnelle. Malgré les défis occasionnels, ils ont toutes les clés pour un mariage harmonieux et satisfaisant. Ils se complètent et se soutiennent mutuellement, créant un équilibre parfait entre le ciel et la terre.

RUPTURE, DIVORCE, RECONSTRUCTION

• Rupture

Dans leur relation, ils avaient toujours été une force à prendre en compte.

La Balance, guidée par Vénus, avait le charme et le tact, toujours soucieuse de maintenir l'équilibre et l'harmonie. Le Cancer, sous l'influence de la Lune, était doux et intuitif, protecteur et dévoué. Ensemble, ils avaient formé un duo inséparable, chacun apportant quelque chose d'unique à l'autre.

Mais comme dans toute relation, des fissures étaient apparues. Le Cancer, avec sa sensibilité émotionnelle exacerbée, avait commencé à se sentir négligé et incompris. La Balance, qui cherchait toujours l'harmonie, l'équilibre et évitait le conflit, avait parfois du mal à comprendre l'intensité des émotions du Cancer.

La Balance, charmante et sociable, aimait être entourée de gens. Le Cancer, plus introverti et sensible, avait parfois du mal à suivre le rythme. La Balance avait toujours cherché à plaire à tout le monde, ce qui pouvait parfois rendre le Cancer jaloux. Le Cancer, avec sa tendance à être possessif, avait commencé à ressentir de la jalousie et de l'insécurité.

La rupture était inévitable, aussi triste soit-elle. Le Cancer s'était replié dans sa carapace, blessé et déçu. La Balance, quant à elle, avait perdu son équilibre, incapable de maintenir l'harmonie qu'elle recherchait toujours.

- Divorce

Le divorce était un processus complexe et douloureux pour eux. Le Cancer, dominé par ses émotions, avait du mal à gérer la situation, oscillant entre la tristesse et la colère. La Balance, toujours en quête d'équité et de justice, avait cherché à rendre le processus aussi équitable et paisible que possible.

Cependant, le Cancer avait parfois du mal à gérer ses émotions. Blessé, il s'était replié, parfois passant par des phases de colère et de tristesse. La Balance, quant à elle, cherchait à maintenir l'équilibre, à éviter les conflits, ce qui n'était pas toujours possible dans ces circonstances.

Le processus de divorce avait testé leurs limites, révélant leurs points forts et leurs faiblesses. Le Cancer avait appris à gérer ses émotions, à ne pas se laisser submerger par elles. La Balance, quant à elle, avait appris à accepter que l'équilibre n'est pas toujours possible, que parfois il faut faire face aux conflits et aux difficultés.

- Reconstruction

Après le divorce, ils avaient dû se reconstruire. Pour le Cancer, cela signifiait apprendre à gérer ses émotions, à ne pas se laisser submerger par elles. Il avait dû apprendre à être plus indépendant, à ne pas se replier dans sa carapace à chaque signe de danger. C'était un processus douloureux, mais nécessaire.

∽

CHAPITRE 6

Balance - Lion

DESCRIPTION DU SIGNE DU LION

En analogie avec le SOLEIL, le signe du Lion représente l'homme, le père, le mari, le frère, le chef. Il est le symbole de la royauté, la puissance, le rayonnement, la gloire et la générosité. Ainsi que de la flatterie, la noblesse, l'amour et l'ambition. Il représente la création, les plaisirs, l'autorité, l'exaltation et la passion. Il est loyal, gentil, fier, courageux et fort. Il se montre audacieux, curieux et déterminé. Il est influent, franc, généreux, assuré, entier et parfois théâtral. Il aime se faire remarquer, être admiré ou adoré. Il se montre volontaire, autoritaire et passionné. Il est d'un caractère dynamique, crédule et recherche l'approbation. Il a également des goûts de luxe et aime qu'on lui obéisse. Il est meneur-né, ce qui peut le rendre imbu de lui-même, orgueilleux, arrogant et prétentieux. Ses bons et ses mauvais côtés dont son caractère obstiné, déterminé, vaniteux, tyrannique, dominateur et mélodramatique. Il peut aussi devenir très colérique si l'on ne va pas dans son sens ni selon sa volonté.

Il se révèle aussi être un adversaire redoutable, mais loyal.

LE LION ET L'AMOUR

Dans la danse infinie de l'amour, le natif du Lion danse avec une ardeur passionnée, un romantisme sans limites et une chaleur humaine qui ne manque jamais de charmer ceux qui croisent sa route.

Il est généreux avec son temps, son affection et son attention, idéaliste dans sa quête de l'amour parfait. C'est un séducteur né, dont le magnétisme naturel fait souvent tourner les têtes. Loyal et honnête, il incarne la quintessence de la noblesse de caractère.

Cependant, ce majestueux Lion porte en lui une certaine dose de narcissisme. Il a un désir insatiable d'être admiré, un besoin constant de voir son reflet dans les yeux de ceux qui l'entourent. L'admiration pour lui, c'est comme le soleil pour sa peau, c'est son énergie, son élan vital. Il veut voir les autres tomber sous son charme, se laisser emporter par son aura. Cela l'excite, lui procure une satisfaction profonde. Il est un maître en l'art de la séduction, déployant ses charmes avec une habileté et une finesse qui lui sont propres.

Il faut noter que cette inclinaison pour la séduction ne le rend pas infidèle dans sa relation de couple. Le Lion est connu pour sa fidélité, son engagement. Il est celui qui, une fois engagé, ne cherche pas à s'évader. Pourtant, il recherche une certaine variété dans sa vie amoureuse, car il abhorre la monotonie et la routine. Il cherche constamment à pimenter sa vie de couple, à apporter de nouvelles expériences et à maintenir une certaine excitation.

Dans la vision du Lion, le mariage et la famille sont d'une importance capitale. Ces deux éléments forment le socle de ses aspirations, de ses désirs. Il aspire à trouver son âme sœur, ce miroir qui reflète son amour, son admiration. Car, au fond de lui, le Lion a besoin d'être aimé. Il a besoin de sentir cet amour en retour, de le ressentir dans chaque mot, chaque geste, chaque regard.

Lorsqu'il est en couple, le Lion aspire à susciter des sentiments de tendresse et de bonheur chez son partenaire. Il veut être le soleil qui illumine le visage de son partenaire, la lueur d'espoir dans ses jours sombres, le rire qui apaise son chagrin.

Toutefois, l'amour du Lion a aussi une face sombre. Il peut se montrer très possessif envers son partenaire, imposant sa volonté et son désir de contrôle sur la relation. Pour lui, il est le roi, celui qui dirige, qui domine la relation. Il veut être celui qui détient les rênes, celui qui guide la direction de la relation. Il peut parfois sembler trop envahissant, trop présent, mais son intention n'est pas de suffoquer, mais de protéger, de préserver ce qu'il a si chèrement acquis. C'est là tout le paradoxe de l'amour du Lion, un amour passionné et possessif, mais aussi généreux et sincère.

LA RENCONTRE ENTRE UNE BALANCE ET UN LION

La rencontre peut être une expérience fascinante et enrichissante pour les deux parties. Ils sont attirés l'un vers l'autre grâce à leurs qualités uniques et leurs caractéristiques astrologiques.

Le Lion, gouverné par le Soleil, est un signe de feu qui symbolise la royauté, la puissance, le rayonnement et la générosité. Il est audacieux, curieux, déterminé et meneur-né. La Balance, gouvernée par Vénus, est un signe d'air qui incarne l'équilibre, la justice et la paix. Elle est charmante, sympathique et créative. Leur rencontre peut être électrisante en raison de la combinaison de leur énergie et de leur passion.

La Balance, étant un signe charmeur et sociable, saura captiver l'attention du Lion, qui aime être admiré et adoré. Le Lion, quant à lui, sera impressionné par la beauté, le raffinement et l'élégance de la Balance. Ils trouveront tous les deux un intérêt mutuel dans leur goût pour les belles choses de la vie.

Leur vie sociale sera un aspect crucial de leur relation, car ils aiment tous les deux être entourés de personnes et apprécient les interactions sociales. Le Lion, en tant que leader naturel, prendra souvent les devants lors des événements sociaux, tandis que la Balance, en tant que diplomate habile, saura gérer les situations délicates et maintenir l'harmonie.

Leur rencontre initiale sera probablement marquée par des échanges animés et des conversations intéressantes. La créativité et l'intelligence de la Balance pourront stimuler l'esprit du Lion, tandis que le courage et l'audace du Lion pourront inspirer la Balance à sortir de sa zone de confort.

Ils ont également des différences significatives. Le Lion peut être possessif et dominateur, tandis que la Balance cherche l'équilibre et l'harmonie dans toutes ses relations. La Balance peut être indécise, ce qui peut agacer le Lion déterminé et obstiné.

Malgré leurs différences, s'ils apprennent à se respecter mutuellement et à trouver un terrain d'entente, ils pourront construire une relation solide et harmonieuse. La clé de leur réussite réside dans leur capacité à communiquer ouvertement et à trouver des compromis qui satisfont les besoins et les désirs de chacun.

ROMANCE, PLAISIRS, SÉDUCTION

- Romance

La romance est un élément central. En effet, ils sont passionnés et romantiques dans leurs relations amoureuses. Le Lion est généreux, chaleureux et idéaliste, tandis que la Balance est charmante, sympathique et désireuse de plaire. Ils partagent un goût pour les gestes romantiques, les attentions et les déclarations d'amour. Ils apprécient l'admiration et l'affection de leur partenaire et aspirent à une relation harmonieuse et équilibrée.

- Plaisirs

Les plaisirs partagés sont également importants. Le Lion aime profiter des plaisirs de la vie, notamment grâce à son goût pour le luxe et l'exaltation.

La Balance, quant à elle, est gouvernée par Vénus, la planète de l'amour et de la beauté, ce qui lui confère une appréciation pour l'esthétisme et les moments agréables. Ils aiment tous les deux s'entourer de beauté et de raffinement, que ce soit dans leur environnement ou dans leur manière de s'habiller. Ils pourront donc partager des moments de complicité en profitant d'expériences sensorielles et esthétiques ensemble, comme les sorties culturelles, les voyages ou les dîners romantiques.

- Séduction

La séduction est un autre aspect essentiel de la relation. Ils sont de grands séducteurs et aiment attirer l'attention. Le Lion est idéaliste, généreux et loyal, ce qui le rend très attirant pour la Balance qui apprécie le charme et l'attention. La Balance est dotée d'un grand pouvoir de séduction grâce à Vénus, qui lui confère un charme naturel et une élégance irrésistible. Le jeu de la séduction entre eux peut être très enivrant, avec une constante recherche d'admiration et de désir mutuel.

Il convient de noter que la quête d'admiration peut également générer des tensions, notamment si l'un des partenaires est trop narcissique ou jaloux.

Il sera donc essentiel pour eux de trouver un équilibre entre leur désir d'être aimés et admirés et le respect des besoins et des limites de leur partenaire. Une relation entre un Lion et une Balance peut être très romantique, passionnée et séduisante, à condition de préserver l'harmonie et l'équilibre.

AFFINITÉS, RELATIONS AMOUREUSES

* Affinités

Ils partagent certaines affinités qui peuvent les rapprocher et créer une relation harmonieuse entre eux. Ils aiment tous les deux être admirés et appréciés par leur entourage. Leur nature sociable et leur charisme leur permettent de s'épanouir dans leur vie sociale. De plus, ils ont tous deux une certaine attirance pour le luxe et le raffinement, ce qui peut les amener à partager des goûts communs en matière de style de vie et de loisirs.

Il y a aussi des différences entre eux. Le Lion, gouverné par le Soleil, est un signe de feu, ce qui lui confère un caractère dynamique, passionné et parfois autoritaire. La Balance, quant à elle, est un signe d'air gouverné par Vénus, ce qui la rend plus légère, créative et en quête d'harmonie et d'équilibre dans ses relations. Cette différence de tempérament peut parfois créer des frictions entre les deux signes, mais aussi leur permettre de se compléter et de s'équilibrer mutuellement.

* Relations amoureuses

Le Lion, en tant que signe passionné et généreux, saura combler la Balance avec des attentions et des gestes romantiques. La Balance, de son côté, apportera de la douceur et de la tendresse à la relation, ainsi qu'un sens aigu de l'harmonie et de l'équilibre.

Des défis peuvent surgir dans cette relation amoureuse. Le Lion peut parfois se montrer possessif et autoritaire, ce qui peut entrer en conflit avec le besoin de la Balance de préserver l'équilibre et l'harmonie dans la relation. De plus, la Balance, en quête constante d'admiration, peut susciter la jalousie du Lion, qui aime également être le centre d'attention.

Pour que cette relation fonctionne, il est important qu'ils apprennent à composer avec leurs différences et à se respecter mutuellement. Le Lion devra apprendre à modérer son autoritarisme et à donner de l'espace à la Balance pour qu'elle puisse s'épanouir. La Balance, quant à elle, devra veiller à ne pas provoquer la jalousie du Lion et à le rassurer sur l'importance qu'il a dans sa vie.

Une relation peut être enrichissante et harmonieuse s'ils sont prêts à faire des compromis et à s'adapter l'un à l'autre. Les affinités qu'ils partagent et leur complémentarité peuvent leur permettre de construire une relation solide et épanouissante.

FOUGUE ET PASSION

- Fougue

La fougue est un élément clé qui peut à la fois stimuler et dynamiser leur lien. Le Lion, sous l'influence du Soleil, est un signe de feu, ce qui lui confère une énergie intense et ardente. La Balance, en revanche, est un signe d'air gouverné par Vénus, ce qui lui apporte une certaine légèreté et douceur. Ensemble, ils forment un duo où la fougue du Lion nourrit l'inspiration et la créativité de la Balance, tandis que la délicatesse de la Balance apaise la passion du Lion.

Le Lion, étant un signe de feu, est naturellement passionné et ardent dans ses émotions et ses actions. Cette fougue se manifeste souvent par un désir d'affirmation de soi et de protection envers ceux qu'ils aiment. La Balance, en tant que signe d'air, est plus axée sur la communication, la réflexion et la recherche d'équilibre. La fougue du Lion peut parfois sembler trop intense pour la Balance, mais s'ils apprennent à se comprendre mutuellement, la fougue du Lion peut inspirer la Balance à s'affirmer davantage et à prendre des décisions plus audacieuses.

- Passion

La passion est un élément essentiel. Le Lion est réputé pour son amour ardent, son romantisme et son dévouement envers son partenaire. La Balance, gouvernée par Vénus, est également très passionnée en amour, appréciant les démonstrations romantiques et les attentions sincères.

Leur passion commune les pousse à se comprendre et à se soutenir mutuellement dans leurs aspirations et leurs rêves. Le Lion, avec sa générosité et sa détermination, est un partenaire loyal qui peut motiver la Balance à réaliser ses ambitions. La Balance, en retour, peut apporter de l'harmonie, de la beauté et de l'inspiration artistique dans la vie du Lion, nourrissant ainsi la passion entre eux.

Cette passion peut également être source de tensions s'ils ne parviennent pas à trouver un équilibre. Le Lion peut se montrer possessif et jaloux, tandis que la Balance peut sembler insaisissable et indécise, recherchant constamment l'approbation des autres. S'ils apprennent à communiquer et à se faire confiance, ils peuvent canaliser cette passion pour renforcer leur relation et créer un lien profond et épanouissant.

INTIMITÉ PHYSIQUE

L'intimité physique est un aspect important et passionné de leur relation. Ils partagent tous les deux un grand attrait pour l'amour et la séduction, ce qui les conduit à une connexion profonde et intense sur le plan physique.

Le Lion est un signe passionné et généreux dans ses relations intimes. Il est romantique et chaleureux, toujours prêt à exprimer son amour et son désir pour son partenaire. Il est également audacieux et courageux, ce qui peut se traduire par une approche plus directe et enthousiaste dans l'intimité.

La Balance est gouvernée par Vénus, la planète de l'amour et de la beauté. Cela confère au natif de ce signe une grande sensibilité et un sens inné de l'harmonie et de l'esthétique dans l'intimité. La Balance est romantique, charmante et séductrice, et elle attache une grande importance à l'expression de l'amour et de la tendresse dans ses relations intimes.

Dans l'intimité physique, ils sont complémentaires. Le Lion apporte sa passion et son audace, tandis que la Balance apporte sa délicatesse et son attention aux détails. Leur approche respective peut les aider à explorer ensemble des expériences sensuelles et romantiques.

Des défis peuvent surgir si l'arrogance du Lion ou son besoin de contrôle entre en conflit avec le désir de la Balance de plaire à son partenaire et de maintenir l'harmonie dans leur relation. La Balance, étant parfois indécise, peut avoir du mal à exprimer ses besoins et ses désirs, ce qui peut frustrer le Lion.

Pour maintenir une intimité physique épanouissante, il est important qu'ils communiquent ouvertement et honnêtement sur leurs attentes et leurs désirs. Le Lion doit apprendre à être plus à l'écoute et à accepter les besoins de son partenaire, tandis que la Balance doit être plus assertive et claire sur ce qu'elle souhaite dans leur vie intime.

POSSESSION ET JALOUSIE

- Possession

Le Lion, par nature, est un signe très autoritaire, dominant et parfois même possessif. Il aime diriger et contrôler la relation, et il peut être très exigeant envers son partenaire. Il cherche à se sentir admiré et adoré, et il peut devenir très protecteur envers son partenaire, ce qui peut être perçu comme une forme de possession.

La Balance, en revanche, est un signe plus équilibré et diplomate. Elle recherche l'harmonie et l'équité dans la relation et peut se montrer plus conciliante face à la possessivité du Lion. La Balance a également un côté narcissique et a besoin d'être aimée, regardée et admirée. Ce besoin de plaire et d'être appréciée peut également se traduire par une certaine possessivité envers son partenaire.

- Jalousie

En raison de leurs caractéristiques respectives, ils sont tous deux sensibles à la jalousie et peuvent se montrer possessifs envers leur partenaire.

Le Lion est un signe fier et aime être le centre d'attention. Il peut être très sensible à toute menace pour son statut ou son importance au sein de la relation, ce qui peut entraîner des sentiments de jalousie. Si le Lion ressent que son partenaire Balance est trop charmant ou séduisant envers d'autres personnes, cela peut provoquer des tensions dans la relation.

Il est essentiel qu'ils communiquent ouvertement et honnêtement sur leurs sentiments et leurs besoins. Ils doivent établir un équilibre entre leur désir d'attention et d'admiration et la nécessité de respecter et de soutenir l'autonomie de l'autre.

FIDÉLITÉ

La fidélité est un aspect important à considérer. Ils partagent certaines similitudes en termes de loyauté et d'honnêteté en amour, mais leurs caractéristiques propres peuvent également créer des défis.

Les Lions sont réputés pour être loyaux, généreux et honnêtes en amour. Ils sont passionnés et romantiques, et lorsqu'ils sont engagés dans une relation, ils peuvent être fidèles à leur partenaire. Le Lion est également un grand séducteur et aime susciter l'admiration et l'attention. Bien que cela ne l'empêche pas d'être fidèle, il pourrait avoir envie de variété pour échapper à la routine dans sa vie amoureuse.

D'un autre côté, la Balance, gouvernée par Vénus, est également un signe charmant, romantique et séduisant. Ils sont attirés par l'amour et le mariage, et ont tendance à officialiser leurs relations. La Balance désire être aimée, regardée et admirée, et a horreur de la solitude. Bien qu'ils soient sélectifs dans le choix de leurs amis, leur besoin de plaire aux autres peut potentiellement attirer la jalousie de leur partenaire.

La fidélité peut être renforcée par leur loyauté mutuelle et leur désir d'amour et d'engagement. Ils peuvent travailler ensemble pour créer une relation solide et durable en se concentrant sur leurs points communs en matière de loyauté et de dévouement.

LIBERTÉ ET INDÉPENDANCE

• Liberté

Ils ont besoin d'espace pour s'exprimer et grandir individuellement. Le Lion, en tant que signe de feu, est dynamique, audacieux et déterminé. Il aime être le centre de l'attention et mener la danse. La Balance, en tant que signe d'air, est plus légère, créative et sociable, ayant besoin d'interactions avec les autres pour se sentir épanouie.

Dans cette relation, il est crucial qu'ils respectent la liberté de l'autre et comprennent qu'ils ont besoin d'espace pour s'épanouir. Le Lion doit apprendre à partager le devant de la scène avec la Balance et à ne pas chercher à dominer toutes les situations, tandis que la Balance doit apprendre à respecter l'indépendance du Lion et à ne pas chercher constamment à plaire à tout le monde.

• Indépendance

Ils ont tous les deux des personnalités fortes, bien que de manière différente. Le Lion est fier, courageux et fort, tandis que la Balance est charmante, sympathique et vive d'esprit. Chacun doit apprendre à respecter et apprécier l'indépendance de l'autre, sans chercher à contrôler ou à imposer sa volonté.

Ils doivent travailler ensemble pour soutenir et encourager l'autre, tout en respectant les besoins et les désirs individuels de chacun. Il est important de trouver un juste milieu entre l'affirmation de soi et la coopération, en évitant de tomber dans des comportements possessifs ou dominants.

Leur relation peut être épanouissante s'ils sont capables de respecter la liberté et l'indépendance de l'autre. Ils doivent apprendre à partager le devant de la scène et à trouver un équilibre entre leurs personnalités fortes et distinctes.

MARIAGE

Le mariage représente un aspect important puisqu'ils attachent une grande importance à l'amour, la fidélité et la famille.

Le Lion, étant un signe solaire, symbolise la royauté, la puissance et la générosité. Le natif du Lion est loyal, fier et courageux, et il recherche un partenaire qui puisse l'aimer et l'admirer. Pour le Lion, le mariage et la famille sont des éléments essentiels de sa vie, et il s'efforce de rencontrer l'âme sœur pour partager cette passion et cet amour.

La Balance, gouvernée par Vénus, est un signe d'air qui représente l'équilibre, la justice et la paix. Le natif de la Balance est charmant, sympathique et vif d'esprit. Il attache également une grande importance à la vie sociale et aux relations amicales. Pour la Balance, l'amour et le mariage sont des aspects fondamentaux de la vie, et elle recherche un partenaire qui puisse apprécier son charme et sa beauté.

Dans un mariage, ils se complètent de manière harmonieuse. Le Lion apporte sa force, sa loyauté et sa générosité, tandis que la Balance apporte son charme, sa diplomatie et son sens de l'équilibre. Ensemble, ils forment un couple passionné et romantique, avec une vie sociale dynamique et des liens solides avec leur famille et leurs amis.

Il est important pour le couple de garder à l'esprit certaines différences entre leurs personnalités. Le Lion peut parfois être orgueilleux et autoritaire, ce qui peut causer des tensions avec la Balance, qui recherche l'harmonie et la paix. La Balance, quant à elle, peut être indécise et hésitante, ce qui peut frustrer le Lion déterminé et sûr de lui.

Pour que leur mariage fonctionne, ils devront apprendre à respecter et à apprécier les qualités de l'autre, et à accepter et surmonter leurs différences. Le Lion devra apprendre à écouter et à prendre en compte les besoins de la Balance, tandis que la Balance devra apprendre à être plus assertive et à prendre des décisions plus rapidement.

RUPTURE, DIVORCE, RECONSTRUCTION

- Rupture

La rupture peut être une période difficile à gérer.

Le Lion, en tant que signe de feu, a tendance à être fier, courageux et fort, tandis que la Balance, en tant que signe d'air, est charmante, sympathique et vif d'esprit. Ils ont tous deux un grand besoin d'être aimés, admirés et appréciés par leur partenaire.

La cause de la rupture peut être liée à l'orgueil et à l'arrogance du Lion, qui peut parfois devenir tyrannique et dominateur. D'un autre côté, l'indécision de la Balance et son désir de plaire à tout le monde peuvent créer des tensions et des malentendus dans la relation. De plus, le Lion peut se sentir étouffé par le besoin de la Balance d'être constamment entourée, tandis que la Balance peut se sentir négligée par le besoin du Lion d'être au centre de l'attention.

- Divorce

Dans le cas d'un divorce, les choses peuvent se compliquer, car ils ont des valeurs et des attentes différentes en ce qui concerne l'engagement et la loyauté. Le Lion accorde une grande importance au mariage et à la famille, tandis que la Balance, bien qu'elle valorise également l'union et le mariage, peut être plus souple dans sa vision des relations.

Le processus de divorce peut être marqué par des conflits et des luttes de pouvoir, surtout si le Lion cherche à dominer et à contrôler la situation. La Balance, en revanche, est douée pour la diplomatie et peut essayer de trouver un équilibre et un compromis pour apaiser les tensions. Leur besoin mutuel d'admiration et de reconnaissance peut rendre la séparation difficile à accepter pour les deux parties.

- Reconstruction

Après la rupture et le divorce, la reconstruction peut être un défi, mais aussi une opportunité de croissance personnelle. Le Lion doit apprendre à être moins centré sur lui-même et à partager le pouvoir et l'attention avec son partenaire. Il doit aussi apprendre à canaliser sa colère et à éviter d'être trop dominateur dans ses relations futures.

La Balance, quant à elle, doit travailler sur son indécision et apprendre à faire des choix sans se soucier constamment de plaire à tout le monde. Elle doit également apprendre à établir des limites et à ne pas laisser les autres profiter de sa gentillesse et de sa générosité.

∿

CHAPITRE 7

Balance - Vierge

DESCRIPTION DU SIGNE DE LA VIERGE

La Vierge est perfectionniste, à la limite du purisme, disciplinée, rigoureuse, perfectionniste et consciencieuse. Elle aura une allure impeccable, sera soignée, élégante.

Ses qualités principales sont le sens pratique, le souci du détail et l'assimilation d'une situation. Elle est réfléchie, lucide, logique, mais aussi autocritique, ce qui implique qu'elle exige beaucoup de lui-même. Prévoyante, économe, matérialiste, calculatrice, prudente, elle gère tout de façon parfaite. Elle se montre aussi serviable, sincère, dévouée, loyale et honnête, appréciant de se sentir indispensables pour les autres. Au sein de son foyer, tout est ordonné, esthétique, organisé, propre. Elle est obsédée par les tâches quotidiennes, le ménage. Elle n'arrête jamais même si tout est parfait, sa maniaquerie maladive l'empêche généralement de remettre une tâche au lendemain. Ses principaux défauts : elle est soucieuse du détail jusqu'à la maniaquerie. Elle est obsédée par l'ordre, pointilleuse et rigide. Cela la stresse et finit par irriter son entourage. Elle déteste les imprévus et les contraintes. Facilement angoissée et anxieuse, elle a du mal à se laisser aller.

Lunatique, d'humeur souvent variable, elle recherche la sécurité et a tendance à se méfier des autres. Sa communication peut être difficile avec les autres, elle ne parle pas beaucoup ni facilement. Complexée, frustrée, insatisfaite, critique du fait de chercher la perfection en tout, elle finit par se heurter aux autres qui se montrent bien plus laxistes qu'elle.

Son inquiétude peut l'entraîner à tout dramatiser sans qu'il n'y ait de raisons.

LA VIERGE ET L'AMOUR

Le signe de la Vierge est souvent associé à la réserve et à la prudence, des qualités qui sont également à la base de sa vie amoureuse. Si une Vierge choisit de se lancer dans une relation amoureuse, elle recherchera un partenaire doté d'une capacité empathique débordante, capable de la comprendre, de la rassurer et de lui apporter le confort qu'elle désire tant. Son partenaire idéal est quelqu'un qui sait comment la mettre à l'aise, lui montrer de l'affection sans être trop envahissant, et surtout, qui peut garantir une stabilité à laquelle elle peut s'accrocher.

Lorsqu'une Vierge tombe amoureuse, elle ne fait pas les choses à moitié. Au contraire, elle se livre corps et âme à l'être aimé, un dévouement qui contribue grandement au bonheur de son partenaire. Cette passion est une épée à double tranchant car elle a besoin de cette assurance de sécurité et de stabilité. La Vierge craint le rejet comme la peste et est terrifiée à l'idée des séparations, au point où cela peut l'empêcher d'entrer pleinement dans une relation.

Il y a une certaine ironie dans le fait que la Vierge soit parfois associée au célibat. Non pas parce qu'elle n'est pas capable d'aimer, mais plutôt parce qu'elle aime profondément son indépendance et la liberté qu'elle trouve dans la solitude. Elle est souvent réticente à dévoiler ou à montrer son partenaire à d'autres, non par honte ou par peur du jugement, mais parce qu'elle est intrinsèquement timide et pudique. Ces traits de personnalité, couplés à un sens presque obsessionnel de la perfection, peuvent lui faire préférer la solitude plutôt que de risquer une séparation douloureuse.

Si elle se trouve dans une situation de rupture, la Vierge peut réagir avec une dureté surprenante. Non pas parce qu'elle est insensible, mais parce qu'elle a peur de perdre le contrôle, ce qui est presque insupportable pour elle. Elle peut sembler blessante, mais c'est souvent une défense pour masquer sa peur et sa douleur. Dans ces moments, il est important de se rappeler que derrière cette façade de froideur, il y a une personne qui cherche à se protéger.

LA RENCONTRE ENTRE UNE BALANCE ET UNE VIERGE

La Vierge, perfectionniste et soucieuse du détail, apprécie l'ordre et la propreté dans tous les aspects de sa vie. Elle est souvent décrite comme maniaque et rigide, ce qui peut la rendre stressée et parfois irritable. La Balance, quant à elle, est charmante et sociable, avec un sens prononcé de la beauté et du raffinement. Elle apprécie les plaisirs de la vie et est souvent considérée comme légère et créative. Leur rencontre peut donc s'avérer intéressante, car ils peuvent apporter des qualités complémentaires à la relation.

La Vierge peut apprendre de la légèreté et de la créativité de la Balance, tandis que la Balance peut bénéficier de l'organisation et de la discipline de la Vierge. L'un des défis majeurs est la communication. La Vierge a tendance à être réservée et peut avoir du mal à s'ouvrir aux autres, tandis que la Balance est plus expressive et sociable. Ils devront apprendre à communiquer efficacement et à s'adapter aux besoins de l'autre pour maintenir une relation harmonieuse.

En amour, elles ont des approches différentes, mais elles peuvent se compléter. La Vierge cherche la stabilité et la sécurité, et a peur du rejet et des séparations. La Balance, gouvernée par Vénus, la planète de l'amour, est une grande romantique qui désire être aimée et admirée. La Vierge peut offrir à la Balance la sécurité et la stabilité dont elle a besoin, tandis que la Balance peut apporter romantisme et passion à la relation.

Le besoin de la Balance de plaire à tout le monde peut causer des problèmes, car cela peut susciter la jalousie de la Vierge. De même, la tendance de la Vierge à être trop critique peut irriter la Balance et provoquer des tensions dans la relation. Pour que leur relation réussisse, ils devront apprendre à accepter et à apprécier les différences de l'autre et à travailler ensemble pour surmonter les défis.

La vie sociale est un aspect important pour la Balance, tandis que la Vierge préfère souvent la solitude et l'ordre. La Balance devra apprendre à respecter le besoin de la Vierge d'avoir des moments de calme et de solitude, et la Vierge devra se montrer plus ouverte et flexible pour participer à la vie sociale de la Balance. Ensemble, elles peuvent trouver un équilibre entre leur vie privée et leur vie sociale, et profiter des avantages que chacun apporte à la relation.

ROMANCE, PLAISIRS, SÉDUCTION

• Romance

Elles ont beaucoup à offrir l'un à l'autre. La Vierge, étant consciencieuse et dévouée, est capable de fournir un soutien émotionnel stable à la Balance, qui a besoin d'attention et d'affection pour se sentir en sécurité. D'un autre côté, la Balance, avec sa nature charmante et sociable, apporte une touche de légèreté et de romantisme à la relation, ce qui peut aider la Vierge à se détendre et à profiter des plaisirs de la vie.

Elles ont des différences à surmonter pour faire fonctionner leur relation. La Vierge peut parfois être trop critique et exigeante, tandis que la Balance a tendance à être indécise et à éviter les confrontations. Pour que leur romance s'épanouisse, il est important qu'ils apprennent à se soutenir mutuellement et à accepter leurs différences.

• Plaisirs

Elles partagent un sens aigu du détail et de l'esthétique, ce qui peut les amener à apprécier des plaisirs similaires dans la vie. Elles aiment toutes les deux les environnements propres, ordonnés et bien décorés. La Vierge, avec son sens pratique, peut organiser des événements et des activités pour eux, tandis que la Balance, avec son goût raffiné, peut ajouter une touche artistique à leurs expériences communes.

La Vierge peut être trop rigide et maniaque, ce qui peut entraver leur capacité à profiter pleinement des plaisirs de la vie. La Balance, en revanche, peut être trop soucieuse de plaire aux autres et de maintenir l'harmonie, ce qui peut les amener à ignorer leurs propres besoins. Pour trouver un équilibre, elles doivent apprendre à se détendre et à s'ouvrir à de nouvelles expériences ensemble.

- Séduction

La séduction peut être un jeu délicat et complexe. La Balance, avec son charme naturel et son amour pour le romantisme, peut facilement attirer la Vierge, qui est souvent timide et complexée. La Vierge, quant à elle, peut séduire la Balance en étant attentionnée et en offrant un soutien émotionnel, ce dont la Balance a besoin pour se sentir en sécurité.

Toutefois, elles doivent être prudentes pour ne pas tomber dans certains pièges. La Vierge peut être trop critique et perfectionniste, ce qui peut éloigner la Balance, qui recherche l'harmonie et l'équilibre. De plus, la Balance peut être trop centrée sur elle-même et chercher à plaire aux autres, ce qui peut causer des problèmes de jalousie et de confiance dans la relation.

AFFINITÉS, RELATIONS AMOUREUSES

- Affinités

Elles accordent une grande importance à l'ordre et à l'harmonie. Elles sont toutes deux perfectionnistes et soucieuses du détail, ce qui peut les aider à créer un environnement agréable et bien organisé dans lequel elles se sentent toutes les deux à l'aise. La Vierge est souvent plus pratique et terre-à-terre, tandis que la Balance a un sens inné de l'esthétique et du raffinement. Ensemble, elles peuvent créer un foyer élégant et fonctionnel.

Elles ont également un fort sens du devoir et sont dévouées et loyales envers ceux qu'elles aiment. Elles sont serviables et sincères, ce qui peut les rapprocher et les aider à construire des amitiés durables.

Les différences de personnalité peuvent créer des tensions. La Vierge a tendance à être plus critique et exigeante, tandis que la Balance peut être indécise et avoir du mal à prendre des décisions. Ces traits peuvent parfois causer des frictions, surtout si la Vierge se montre trop pointilleuse et rigide ou si la Balance se montre trop hésitante.

- Relations amoureuses

Elles peuvent trouver un équilibre entre la dévotion et la passion. La Vierge, en quête de sécurité et de stabilité, appréciera la tendresse et le romantisme de la Balance. De son côté, la Balance, gouvernée par Vénus, la planète de l'amour, sera charmée par le dévouement et le sens pratique de la Vierge.

Elles peuvent avoir des attentes élevées en matière d'amour, ce qui peut parfois créer des tensions. La Vierge peut être anxieuse et avoir du mal à se laisser aller, tandis que la Balance peut être narcissique et avoir besoin d'admiration et de validation constantes. Il est important de communiquer ouvertement et de travailler sur leurs insécurités pour éviter que la relation ne devienne étouffante ou déséquilibrée.

FOUGUE ET PASSION

- Fougue

Ils ont des approches différentes de la vie et des relations, ce qui peut atténuer leur passion. La Vierge, étant un signe de Terre, est plutôt axée sur la stabilité, la sécurité et le pragmatisme, tandis que la Balance, un signe d'Air, est plus légère, créative et orientée vers la beauté et l'harmonie.

La fougue peut se manifester dans leur relation d'une manière différente de ce à quoi on pourrait s'attendre. Ils peuvent exprimer leur passion à travers leurs efforts pour créer un foyer harmonieux et esthétiquement plaisant. La Vierge, perfectionniste et consciencieuse, s'assure que tout soit impeccable, tandis que la Balance, gouvernée par Vénus, ajoute une touche de raffinement et de beauté. Ensemble, ils peuvent créer un espace de vie qui reflète leurs valeurs communes et leur passion pour l'ordre et l'équilibre.

- Passion

En ce qui concerne la passion dans leur relation amoureuse, ils peuvent se compléter et s'épanouir ensemble. La Vierge, en quête de sécurité et de stabilité, se donne entièrement lorsqu'elle tombe amoureuse, ce qui peut faire le bonheur de la Balance, un signe romantique et charmant. La Balance, à son tour, a un grand pouvoir de séduction et désire être aimée et admirée, ce qui peut correspondre aux besoins émotionnels de la Vierge.

Toutefois, il y a certains défis auxquels ils devront faire face pour maintenir la passion dans leur relation. La Vierge est souvent anxieuse et craintive, tandis que la Balance peut être indécise et hésitante. Ces traits de personnalité peuvent parfois causer des tensions et des malentendus entre eux. Pour que la passion survive et prospère, il est important qu'ils apprennent à communiquer ouvertement et honnêtement, à se soutenir mutuellement et à être patients l'un envers l'autre.

INTIMITÉ PHYSIQUE

Lorsqu'il s'agit d'intimité physique, ils peuvent vivre des moments passionnés et tendres. La Vierge, étant un signe de Terre, a une approche plus pragmatique et terre-à-terre de l'intimité, tandis que la Balance, en tant que signe d'Air, a une approche plus romantique et sensuelle.

La Vierge est souvent réservée et a du mal à se laisser aller, surtout au début d'une relation. La Balance, avec son charme naturel et son pouvoir de séduction, peut aider la Vierge à surmonter ses inhibitions et à se sentir plus à l'aise dans l'intimité. La Balance est également très attentive aux besoins de son partenaire, ce qui peut rassurer la Vierge et l'aider à se sentir plus en confiance.

La Balance est très romantique et aime créer une ambiance sensuelle, avec des bougies, de la musique douce et une atmosphère apaisante. Cette approche peut séduire la Vierge, qui apprécie également l'ordre et l'esthétisme dans son environnement. Ils peuvent ainsi se compléter et créer ensemble un cadre intime où ils peuvent explorer leur passion.

Il peut y avoir des défis à relever. La Vierge est perfectionniste et autocritique, ce qui peut l'amener à se sentir insatisfaite ou à critiquer son partenaire, même si cela n'est pas justifié. De son côté, la Balance est souvent indécise et peut avoir du mal à prendre des décisions, ce qui peut entraîner des tensions dans l'intimité.

La Vierge devra essayer de lâcher prise sur son besoin de perfection et de contrôle, tandis que la Balance devra apprendre à prendre des décisions et à être plus affirmée. S'ils parviennent à trouver un équilibre entre leurs besoins et leurs désirs, ils pourront vivre une expérience intime enrichissante et épanouissante.

POSSESSION ET JALOUSIE

- Possession

La notion de possession peut être vue de différentes manières. La Vierge, en tant que signe de la Terre, est préoccupée par la sécurité et la stabilité matérielles, ce qui peut se traduire par un certain attachement aux biens matériels. De plus, la Vierge aime se sentir indispensable et, de ce fait, peut chercher à exercer un certain contrôle sur la vie de son partenaire.

La Balance, en revanche, est moins attachée aux biens matériels et davantage préoccupée par les relations et l'harmonie sociale. Étant gouvernée par Vénus, la Balance a un grand besoin d'amour et d'admiration et peut donc être possessive dans le sens où elle recherche constamment la validation et l'approbation de son partenaire.

La possession peut se manifester de diverses manières. La Vierge peut chercher à contrôler certains aspects de la vie de la Balance, tandis que la Balance peut vouloir être constamment entourée et admirée par la Vierge.

- Jalousie

La Vierge, en quête constante de perfection, peut parfois se sentir insatisfaite ou frustrée si elle pense que son partenaire Balance ne répond pas à ses attentes élevées. Cela peut conduire la Vierge à être critique envers la Balance, ce qui peut générer des sentiments de jalousie et d'insécurité chez la Balance.

La Balance, en tant que signe gouverné par Vénus, peut être sujette à la jalousie si elle sent que l'attention et l'admiration de son partenaire Vierge sont dirigées vers quelqu'un d'autre. La Balance peut également être jalouse si elle se sent négligée par la Vierge, qui peut être très absorbée par ses propres préoccupations et son désir de perfection.

La Vierge devra apprendre à accepter les imperfections de la Balance et à exprimer son amour et son soutien de manière positive, tandis que la Balance devra apprendre à gérer sa propre insécurité et à faire confiance à son partenaire Vierge.

FIDÉLITÉ

La fidélité est un élément clé qui contribue à la réussite de leur union. Ils ont tous les deux des qualités et des besoins en amour qui se complètent et les rendent très attachés l'un à l'autre.

La Vierge, en tant que signe de Terre, est à la recherche de stabilité et de sécurité dans sa vie amoureuse. Lorsqu'elle tombe amoureuse, elle se donne entièrement et fait le bonheur de son partenaire. Ce signe est également préoccupé par le rejet et craint les séparations, ce qui l'incite à être fidèle et dévouée à son partenaire. La Vierge aime vivre seule, mais une fois qu'elle a trouvé la personne qui répond à ses besoins, elle est prête à s'engager pleinement.

De son côté, la Balance, gouvernée par Vénus, la planète de l'amour et de la beauté, est un grand romantique et a un fort désir d'être aimé, désiré et admiré. Les natifs de la Balance cherchent l'harmonie et l'équilibre dans leurs relations, ce qui les pousse à être fidèles et loyaux envers leur partenaire. Ils aiment plaire et être entourés, mais cela ne les empêche pas de bien choisir leurs amis et leurs partenaires amoureux.

Dans leur relation, ils se complètent mutuellement. La Vierge apporte la stabilité et la sécurité dont la Balance a besoin, tandis que la Balance apporte l'amour et l'affection que la Vierge recherche. Ensemble, ils forment un couple fidèle et dévoué, prêt à surmonter les défis et à travailler pour maintenir l'harmonie dans leur relation.

Il est important de communiquer et de comprendre les besoins et les attentes de l'autre. La Vierge, en quête de perfection, peut parfois être trop critique et exigeante, ce qui peut blesser la Balance qui a besoin de se sentir aimée et appréciée. La Balance doit veiller à ne pas laisser son désir de plaire aux autres créer des tensions ou des jalousies au sein de leur relation.

La fidélité est un élément essentiel. En s'appuyant sur leurs forces mutuelles et en communiquant ouvertement sur leurs besoins et leurs attentes, ils peuvent former un couple solide et durable.

LIBERTÉ ET INDÉPENDANCE

• Liberté

La liberté est un aspect important à considérer. Bien qu'ils partagent certaines similitudes, comme le désir d'ordre et d'esthétisme, ils diffèrent également sur leur approche de la liberté et de l'indépendance.

La Vierge, en tant que signe de la Terre, est souvent associée à la prévoyance, l'économie et la gestion parfaite des tâches quotidiennes. En revanche, la Balance est un signe d'Air, connu pour sa légèreté et sa créativité. Cela peut parfois créer un décalage dans la façon dont ils abordent la liberté dans leur relation.

La Vierge peut se montrer très attachée à ses routines et avoir du mal à se détacher de ses habitudes. De son côté, la Balance peut ressentir le besoin de plus de liberté et d'explorer de nouvelles idées, ce qui peut parfois sembler en contradiction avec les valeurs de la Vierge.

Pour que la relation entre elles , elles devront trouver un équilibre entre leur besoin respectif de liberté et d'indépendance. La Vierge devra apprendre à lâcher prise et à accepter que la Balance ait besoin d'espace pour s'épanouir, tandis que la Balance devra respecter le besoin de stabilité et d'ordre de la Vierge.

• Indépendance

L'indépendance est un autre aspect important. Bien qu'elles aient des besoins différents en termes d'indépendance, elles peuvent apprendre à coexister harmonieusement en reconnaissant et en respectant les besoins de l'autre.

La Vierge, souvent soucieuse du détail et cherchant la perfection en tout, peut parfois avoir du mal à déléguer et à accorder sa confiance aux autres. Cela peut donner l'impression à la Balance qu'elle n'a pas suffisamment d'autonomie au sein de la relation. De l'autre côté, la

Balance est un signe sociable et aime être entourée d'amis, ce qui peut parfois entrer en conflit avec le besoin de sécurité et de stabilité de la Vierge.

Afin de maintenir une relation équilibrée, il est important de respecter et de valoriser l'indépendance de l'autre. La Vierge devra apprendre à faire confiance à la Balance et à lui accorder de l'autonomie, tandis que la Balance devra veiller à inclure la Vierge dans sa vie sociale et à la rassurer sur la stabilité de leur relation.

MARIAGE

Lorsqu'elles décident de se marier, elles forment un couple harmonieux et équilibré. Tous deux recherchent la stabilité et la sécurité dans leur relation, et ils sont prêts à s'engager pleinement l'un envers l'autre pour atteindre ces objectifs.

La Vierge est un signe de terre, pragmatique et soucieux du détail. Elle apporte à la relation son sens de l'organisation et sa nature consciencieuse. La Vierge a une grande capacité d'assimilation des situations et elle est très prévoyante. Grâce à ces qualités, elle est capable de gérer parfaitement le foyer conjugal et les aspects pratiques de la vie quotidienne. En revanche, la Vierge peut être très critique envers elle-même et envers les autres, ce qui peut parfois causer des tensions au sein du couple.

La Balance, quant à elle, est un signe d'air, gouverné par Vénus, la planète de l'amour et de la beauté. La Balance apporte à la relation son charme, sa sympathie et sa vivacité d'esprit. Elle est très sociable et apprécie la vie en couple, cherchant constamment à plaire et à séduire son partenaire. La Balance est également dotée d'un sens aigu de la diplomatie, ce qui peut être très utile pour résoudre les conflits et maintenir l'harmonie dans la relation.

Dans leur vie conjugale, ils accordent une grande importance à l'esthétisme et au raffinement. Leur foyer sera donc décoré avec goût et sera toujours impeccable. La Vierge veillera à ce que tout soit en ordre et propre, tandis que la Balance se chargera de créer une ambiance chaleureuse et harmonieuse.

Ils devront surmonter certains défis pour que leur mariage soit réussi. La Vierge peut être trop pointilleuse et rigide, ce qui peut stresser et irriter la Balance. De plus, la Balance a tendance à être indécise et peut avoir du mal à prendre des décisions, ce qui peut frustrer la Vierge qui préfère avoir un plan clair et organisé.

RUPTURE, DIVORCE, RECONSTRUCTION

- Rupture

Il est possible que la rupture survienne en raison de leurs différences et de leurs attentes variées en matière d'amour et de vie quotidienne. La Vierge, perfectionniste et soucieuse du détail, peut devenir critique et exigeante, ce qui peut irriter la Balance, qui recherche l'harmonie et l'équilibre dans ses relations. De plus, la Vierge peut être méfiante et avoir du mal à communiquer, ce qui peut entraver la compréhension mutuelle.

La Balance, charmante et sociable, peut donner l'impression à la Vierge d'être superficielle ou trop préoccupée par l'opinion des autres. La Balance peut également être indécise, ce qui peut frustrer la Vierge qui cherche la stabilité et la sécurité.

Lorsqu'ils font face à une rupture, il est essentiel pour eux de reconnaître leurs différences et d'accepter que leurs priorités et leurs valeurs puissent ne pas toujours être alignées. En tenant compte de ces différences, ils peuvent alors travailler sur la compréhension mutuelle et la communication pour éviter de futurs conflits.

- Divorce

Dans le cas d'un divorce, les tensions qui ont conduit à la rupture peuvent s'intensifier. La Vierge, soucieuse de l'ordre et du détail, peut être extrêmement rigide et exigeante dans les négociations liées au divorce. La Balance, en revanche, peut chercher à éviter les conflits et à maintenir une apparence harmonieuse, ce qui peut être interprété comme de l'indifférence ou du détachement par la Vierge.

Le processus de divorce peut être difficile pour eux, car ils peuvent tous deux avoir du mal à lâcher prise et à accepter le changement. Il est important pour eux de reconnaître leurs forces et leurs faiblesses et de faire preuve de compassion et de compréhension envers l'autre, même si cela peut être douloureux.

- Reconstruction

Après un divorce, la reconstruction peut être un défi. La Vierge, en quête de stabilité et de sécurité, peut avoir du mal à accepter l'échec de la relation et à s'adapter à sa nouvelle vie. Il est important pour la Vierge de se concentrer sur l'auto-compassion et d'apprendre à accepter les imperfections.

Pour la Balance, la solitude peut être difficile à gérer, car elle a besoin d'être entourée et de se sentir aimée. Il est crucial pour la Balance de renouer avec ses amis et sa famille et de s'ouvrir à de nouvelles expériences pour retrouver l'équilibre dans sa vie.

∾

CHAPITRE 8

Balance - Balance

DESCRIPTION DU SIGNE DE LA BALANCE

Vénus, la planète de l'amour et de la beauté, gouverne la Balance, ce qui confère aux natifs de ce signe des qualités telles que le charme, la sympathie et la vivacité d'esprit, ce qui rend le natif de ce signe charmant, sympathique et vif d'esprit. Il possède un sens de la beauté très prononcé et son foyer est décoré avec raffinement. Il s'habille de façon élégante et soignée (importance du raffinement et du bon goût) et a en horreur le désordre, la saleté. En tant que signe d'air, la Balance est également connue pour sa légèreté et sa créativité. La Balance symbolise l'équilibre, la justice, la paix qu'elle veut transmettre aux autres. Le natif de ce signe est donc à l'écoute et n'hésite pas à aider d'autres personnes grâce à ses conseils et connaissances. La vie sociale est très importante pour le natif de ce signe car elle lui donne sa force. Il est très apprécié et fait preuve d'une grande sociabilité. Doué pour la diplomatie, il peut se montrer très habile lors de négociations. Au niveau personnel, les amitiés qu'il lie seront durables. La Balance passe son temps à soupeser le pour et le contre, elle hésite constamment entre plusieurs possibilités. Elle est dès lors souvent indécise et a du mal à faire un choix. C'est son principal défaut.

LA BALANCE ET L'AMOUR

Guidée par Vénus, la déesse de l'amour et de la beauté, la Balance est intrinsèquement liée à l'art de la séduction. Son pouvoir de charme est indéniable, ensorcelant sa partenaire avec une douceur gracieuse et un romantisme effréné. Sa nature romantique n'est pas superficielle ; elle vient du plus profond de son cœur, faisant d'elle une amante attentionnée et dévouée.

De plus, avec Vénus comme gardienne du mariage et de l'union, il n'est pas surprenant que la Balance aspire à officialiser sa relation. L'idée du mariage, l'union sacrée de deux âmes, est un concept que le natif de la Balance trouve extrêmement séduisant. Un mariage, pour eux, n'est pas simplement une formalité, mais le véritable symbole de l'amour et de l'engagement.

Le natif de la Balance a un besoin profond d'être aimé, désiré, admiré et adoré. Cette soif d'affection et d'attention peut être attribuée à son aversion profonde pour la solitude. Il a un besoin constant d'être entouré, non pas par une foule de visages impersonnels, mais par des êtres chers, des amis fidèles et loyaux. La Balance est sélective dans le choix de ses amis. L'impolitesse, la vulgarité et le laisser-aller sont pour lui des traits indésirables.

Pourtant, il convient de noter que le natif de la Balance est, dans une certaine mesure, narcissique. Il est attiré par la perfection et cherche à l'incarner dans tous les domaines de sa vie. Cet attrait pour la perfection peut le conduire à une recherche incessante d'approbation, et cette tendance peut parfois être mal interprétée par son partenaire. Sa propension à plaire à tous peut éventuellement attirer l'ire et la jalousie de son partenaire. Il doit donc veiller à trouver un équilibre entre son désir d'être aimé et la nécessité de préserver l'harmonie dans sa relation.

En conclusion, le natif de la Balance est un amoureux romantique, guidé par l'amour et le désir d'union. Cependant, sa quête de perfection et son besoin de reconnaissance peuvent parfois se révéler être des défis pour lui-même et pour sa relation. Il est donc essentiel qu'il apprenne à naviguer avec soin sur le chemin de l'amour, toujours à la recherche de cet équilibre qu'il désire tant.

LA RENCONTRE ENTRE DEUX BALANCES

Lorsqu'elles se rencontrent, c'est une véritable symphonie de charme, de diplomatie et de justice qui se met en mouvement. Leurs similitudes, pouvant être aussi bien une source de rapprochement que de conflits, tissent un lien intriguant et complexe.

Elles sont guidées par Vénus, la planète de l'amour et de la beauté, qui incite à la vivacité d'esprit, au charme et à l'harmonie. Ainsi, quand elles se rencontrent pour la première fois, l'attraction est instantanée. Leur amour commun pour l'esthétique, la sophistication et le raffinement crée une connexion profonde, presque magique. Elles se comprennent sans avoir besoin de prononcer un seul mot, car elles partagent la même vision de la vie, celle d'une existence harmonieuse et équilibrée.

Dans leur relation, elles cherchent à apporter équilibre et justice, deux concepts clés qui sont au cœur de leur signe. Elles sont à l'écoute l'une de l'autre, offrant conseils et soutien avec une grande générosité d'esprit. Leur tendance à l'indécision peut parfois créer des tensions, car elles peuvent passer beaucoup de temps à peser le pour et le contre avant de prendre une décision. C'est ici que leur habileté à la diplomatie entre en jeu, car elles devront souvent trouver un terrain d'entente pour éviter les conflits.

Elles ont un grand besoin d'interaction sociale et sont très appréciées de leur entourage grâce à leur sociabilité. Cela crée une dynamique intéressante dans leur relation, où elles peuvent passer d'agréables moments ensemble, mais aussi apprécier la compagnie des autres. Leur besoin d'admiration et d'affection mutuelle renforce leur lien, mais peut également causer des problèmes si l'une d'elles se sent négligée ou non appréciée.

En amour, elles sont toutes deux de grands romantiques. Avec Vénus comme maître de leur signe, elles ont une forte probabilité d'officialiser leur relation. Leur désir d'être aimées, regardées, désirées, adorées et admirées peut parfois créer des tensions. Leur narcissisme et leur quête de perfection peuvent parfois engendrer des conflits, notamment si l'une d'elles ressent de la jalousie ou se sent sous-estimée.

Une relation peut être à la fois harmonieuse et complexe. Leur amour commun pour la beauté, la justice et l'équilibre peut créer une belle symphonie, mais leur indécision et leur besoin constant d'admiration peuvent également causer des conflits. Grâce à leur nature diplomatique et leur capacité à écouter, elles peuvent surmonter ces obstacles et vivre une relation profonde et enrichissante.

ROMANCE, PLAISIRS, SÉDUCTION

• Romance

Quand elles se rencontrent en terrain romantique, c'est comme une danse délicate de papillons. Elles sont naturellement charmantes et dotées d'une vivacité d'esprit qui rend leur interaction riche et dynamique. Étant toutes deux gouvernées par Vénus, la planète de l'amour et de la beauté, elles apprécient la romance sous toutes ses formes : des dîners aux chandelles, des gestes tendres, des compliments sincères et une véritable admiration pour l'autre.

En raison de leur quête constante d'équilibre et de justice, elles peuvent parfois tomber dans le piège de trop peser le pour et le contre. Elles peuvent être indécises dans leur relation, hésitant entre différents chemins ou options. Leur sens inné de la diplomatie et leur habileté en matière de négociation sont particulièrement utiles. Elles travaillent ensemble pour trouver un compromis, faisant de chaque décision un acte d'amour partagé.

• Plaisirs

Elles sont toutes deux attirées par la beauté et l'harmonie, et elles savent apprécier les plaisirs de la vie. Leur foyer est généralement un lieu de raffinement et de goût exquis, chaque pièce étant soigneusement organisée et décorée. Elles aiment s'entourer de belles choses et partager des expériences culturelles, que ce soit une visite d'une galerie d'art, un spectacle de théâtre, ou simplement un repas bien cuisiné et joliment présenté à la maison.

Le plaisir pour eux ne se limite pas au matériel. Elles apprécient également la compagnie des autres et la richesse des interactions sociales. Les soirées entre amis, les discussions animées, et les moments de rire partagé sont des occasions précieuses de joie pour elles.

- Séduction

La séduction est un art pour eux, et elles sont tous deux maîtres en la matière. Elles comprennent instinctivement ce qui plaît à l'autre et savent comment attirer l'attention. Elles sont généralement élégantes et soignées, sachant que le raffinement attire l'admiration de l'autre. Leur besoin d'être aimées, regardées et admirées est satisfait par le jeu de la séduction mutuelle.

Elles doivent faire attention à ne pas laisser leur besoin de plaire aux autres, ce qui peut entraîner des tensions ou de la jalousie dans leur relation. Elles doivent se rappeler que leur charme naturel et leur grande sociabilité peuvent parfois être interprétés comme de la flatterie ou de l'attention non désirée par l'autre. Il est important pour elles de communiquer clairement leurs intentions et de respecter les sentiments de l'autre.

AFFINITÉS, RELATIONS AMOUREUSES

- Affinités

Quand elles se rencontrent, elles forment un duo harmonieux et symétrique. Elles sont toutes deux régies par Vénus, la planète de l'amour et de la beauté, ce qui donne naissance à une connexion profonde basée sur une compréhension mutuelle de ce qui compte pour eux. Leur amour pour l'esthétique et le raffinement se reflète dans leur vie quotidienne, de leur goût pour l'élégance vestimentaire à leur amour pour un foyer bien décoré.

Elles sont sociables, elles apprécient les plaisirs de la compagnie des autres. Elles aiment échanger des idées, discuter de sujets divers et variés, et ne manquent jamais une occasion d'étendre leur cercle social. Leur sens inné de la diplomatie leur permet d'éviter les conflits et de maintenir une ambiance pacifique.

Leur tendance à l'indécision pourrait être leur talon d'Achille. Confrontées à des choix importants, elles peuvent se retrouver dans une impasse, hésitant constamment entre plusieurs possibilités. Cette indécision peut créer des tensions, mais leur nature pacifique et leur désir d'équilibre les aideront à trouver une solution.

- Relations Amoureuses

Dans une relation amoureuse, elles sont de grandes romantiques. Elles aiment séduire et être séduites, créant ainsi une dynamique de charme et d'admiration mutuelle. Leur désir commun d'être aimées, regardées, désirées, adorées et admirées les pousse à se donner sans compter à l'autre. Elles ont une grande capacité à montrer leur affection, leur tendresse et leur dévotion.

Elles ont aussi une vision très forte de l'union et du mariage, ce qui peut les amener à vouloir officialiser leur relation assez rapidement. Elles sont toutes les deux attachées à la notion de partenariat équilibré et cherchent à maintenir un équilibre entre donner et recevoir de l'amour.

Leur narcissisme et leur besoin de plaire peuvent parfois créer des tensions. Elles peuvent tous deux avoir du mal à gérer la jalousie ou l'insécurité qui peut découler de leur désir constant d'attention et d'admiration. Il est important pour elles de trouver un équilibre entre leur désir de plaire aux autres et leur besoin de maintenir une relation saine et respectueuse.

Une relation entre deux Balances est marquée par l'harmonie, le charme et l'équilibre. Elles sont comme deux moitiés d'un tout, reflétant les qualités et les défauts de l'autre. Leur relation est comme une danse, où chaque mouvement est calculé et précis, et où l'équilibre est la clé de leur bonheur commun.

FOUGUE ET PASSION

- Fougue

Lorsqu'elles se rencontrent, c'est comme si deux esprits jumeaux se découvraient. Elles sont toutes deux gouvernées par Vénus, la planète de l'amour, ce qui leur donne une nature charmante, amicale et pleine d'esprit. Dès le premier regard, elles reconnaissent en l'autre un miroir de leurs propres qualités, une reconnaissance qui peut instantanément déclencher une fougue passionnée.

Elles sont des amants du raffinement, de la beauté et de l'harmonie, et leur foyer commun sera un sanctuaire de bon goût et d'élégance. Leur passion commune pour l'esthétique peut faire naître une fougue qu'elles partagent en transformant leur environnement en une œuvre d'art vivante.

- Passion

En amour, la passion peut être à la fois intense et complexe. Avec Vénus comme maîtresse de leur signe, elles sont capables de charmer l'autre sans effort. Leur relation est souvent empreinte d'une forte dose de romantisme, ce qui peut attiser la passion entre elles.

Cependant, la passion peut parfois être difficile à gérer. En raison de leur nature indécise, elles peuvent avoir du mal à faire des choix et à prendre des décisions, ce qui peut générer des tensions. Leur besoin constant de plaire aux autres peut aussi provoquer des conflits, car elles peuvent parfois se sentir menacées par la popularité de l'autre.

Leur besoin d'être constamment entourées et leur horreur de la solitude peuvent aussi alimenter leur passion, car elles se comprennent et se soutiennent mutuellement dans ces besoins. Elles apprécient la présence constante de l'autre et leur relation est souvent nourrie par une forte complicité sociale.

Une relation entre elles peut être à la fois passionnée et tumultueuse. Leur fougue commune pour la beauté, l'harmonie et la justice peut créer un lien fort entre eux, mais leur indécision et leur besoin de plaire peuvent aussi créer des tensions. Avec une communication ouverte et honnête, elles ont toutes les chances de construire une relation passionnée et harmonieuse.

INTIMITÉ PHYSIQUE

Lorsque deux Balances s'entrelacent dans une danse intime, leur connexion est souvent décrite comme artistique et harmonieuse, tout comme leur signe zodiacal symbolisé par la balance, l'instrument de mesure de l'équilibre et de la symétrie. Vénus, la planète régnante, exerce une influence notable sur leur intimité physique, conférant à leur relation une profondeur d'émotion et une délicatesse qui transcendent le simple plaisir physique.

Pour elles, l'intimité physique est une extension de leur connexion émotionnelle et mentale. C'est un ballet passionné où elles sont à la fois danseuses et chorégraphes. Elles cherchent à créer une harmonie parfaite, un équilibre entre donner et recevoir.

La Balance est gouvernée par Vénus, la planète de l'amour et de la beauté, ce qui se reflète dans leur approche de l'intimité. Leur amour est souvent marqué par un romantisme doux, une tendresse et une passion. Chaque geste, chaque caresse est imprégné d'une affection profonde et sincère.

Cependant, leur besoin de plaire peut parfois compliquer leur intimité physique. Elles sont toutes deux en quête de perfection, et cette attente peut créer une certaine pression. Il est important pour elles de communiquer ouvertement et honnêtement sur leurs désirs et leurs attentes afin de ne pas laisser ces pressions perturber leur connexion.

Les Balances ont également un grand sens du respect et de l'équité. Elles se préoccupent profondément du plaisir et du confort de l'autre, cherchant toujours à s'assurer que leur partenaire se sent aimé et apprécié. Cela se traduit par une attention aux détails et une préoccupation pour le bien-être de l'autre qui peut vraiment renforcer leur lien intime.

Leur indécision commune peut parfois entraver leur intimité. Elles peuvent passer beaucoup de temps à peser le pour et le contre de leurs actions, ce qui peut parfois mener à de l'hésitation ou de l'incertitude. Il est important pour elles d'apprendre à lâcher prise et à se laisser guider par leur instinct et leurs émotions.

En somme, l'intimité est un mélange complexe de passion, de romantisme, d'équité et de respect. Elle exige une communication ouverte, de la patience et une compréhension mutuelle. Mais lorsque ces éléments sont présents, leur danse intime peut être une expérience véritablement magique, marquée par une harmonie et une beauté qui reflètent la nature même de leur signe astrologique.

POSSESSION ET JALOUSIE

- Possession

La possession peut prendre une forme plutôt subtile. Gouvernées par Vénus, la planète de l'amour et de la beauté, elles ont un besoin intense d'harmonie, de beauté et d'équilibre dans leur vie. Ce désir se traduit souvent par le souhait de créer un environnement raffiné et harmonieux autour d'elles. En couple, cela peut signifier qu'elles désirent que leur partenaire s'adapte à leur esthétique et partage leur goût pour l'élégance.

Le besoin de possession peut également se manifester par le désir d'être constamment entouré et admiré. Elles recherchent l'adoration et l'admiration de leur partenaire. C'est un signe qui a horreur de la solitude et qui a besoin de sentir qu'elle est aimée, désirée et regardée. Elles peuvent avoir tendance à vouloir posséder leur partenaire en termes d'attention et de temps passé ensemble.

- Jalousie

La jalousie peut être complexe. Elles sont naturellement charmantes et possèdent un grand pouvoir de séduction, ce qui peut parfois susciter des sentiments de jalousie chez leur partenaire. Leur besoin constant d'admiration et d'attention peut également être source de conflits si l'une d'elles sent que l'autre reçoit plus d'attention ou d'admiration.

Étant un signe qui cherche la perfection dans tous les domaines, elle peut devenir jalouse si elle perçoit que son partenaire excelle dans un domaine où elle-même ne se sent pas à la hauteur. Le désir d'équilibre et d'harmonie de la Balance peut rendre difficile pour elles de gérer des sentiments de jalousie, ce qui peut entraîner des hésitations et des indécisions.

Elle a tendance à peser le pour et le contre, et elle peut devenir jalouse si elle estime que son partenaire a plus d'options ou de possibilités qu'elle. Cela peut se manifester sous la forme d'une rivalité ou d'un sentiment d'insécurité.

Une relation peut être à la fois harmonieuse et conflictuelle. Leur besoin d'équilibre, de beauté et d'admiration peut conduire à des moments de grande complicité, mais aussi à des tensions liées à la possession et à la jalousie. Il est important pour elles de communiquer ouvertement et honnêtement à propos de ces sentiments afin de maintenir l'équilibre et l'harmonie dans leur relation.

FIDÉLITÉ

La fidélité est un concept qui se vit dans une certaine complexité. En effet, elles sont gouvernées par Vénus, la planète de l'amour, ce qui les rend naturellement charmantes et attirantes. Leur attrait pour la beauté et le raffinement peut parfois créer un dilemme, car elles sont constamment attirées par la beauté, souvent sous différentes formes et personnes.

Cependant, l'importance qu'elles accordent à l'harmonie et à l'équilibre dans leurs relations peut servir de contrepoids à leur attirance pour la beauté. Elles sont naturellement pacifiques et ont en horreur le désordre et la discorde, ce qui peut les pousser à éviter des situations qui pourraient perturber l'équilibre de leur relation. La fidélité n'est pas seulement une question de rester physiquement fidèles à leur partenaire, mais aussi de maintenir l'harmonie et l'équilibre dans leur relation.

Elles sont sociables et apprécient fortement leur vie sociale. Elles ont besoin de se sentir appréciés, admirés et adorés. Ce besoin pourrait se traduire par une attention constante l'une pour l'autre, ce qui peut renforcer leur fidélité. Cela pourrait aussi les rendre vulnérables à la jalousie et à la possessivité, car elles pourraient ressentir le besoin d'être l'unique centre d'attention de leur partenaire.

L'indécision est un autre trait caractéristique de leur personnalité. Elles sont souvent tiraillées entre différentes possibilités, ce qui pourrait parfois mener à une hésitation dans leur engagement. Néanmoins, c'est aussi ce trait qui peut les aider à rester fidèles. Elles sont capables de soupeser le pour et le contre avant de prendre une décision, et la peur des conséquences négatives d'une infidélité pourrait souvent l'emporter sur le désir d'explorer de nouvelles attractions.

La fidélité est un défi qui nécessite un équilibre délicat entre leur attirance naturelle pour la beauté et leur désir d'harmonie et d'équilibre. Il est important pour elles de maintenir une communication ouverte et de s'assurer qu'elles se sentent mutuellement appréciées et admirées. Avec ces éléments en place, elles sont capables de bâtir une relation fidèle et durable.

LIBERTÉ ET INDÉPENDANCE

* Liberté

Le concept de liberté prend une signification particulière. Guidés par la planète Vénus, elles cherchent l'harmonie et l'équilibre dans leurs relations, et la liberté en fait partie intégrante. Elles souhaitent à la fois une relation étroite et l'indépendance nécessaire pour maintenir leur individualité.

Elles sont très conscientes de l'importance de l'espace personnel et de la liberté émotionnelle. Cette compréhension mutuelle de la nécessité de liberté peut être une force dans leur relation. Elles n'étouffent pas l'autre avec une présence omniprésente ou des exigences émotionnelles irréalistes. Au lieu de cela, elles accordent à leur partenaire l'espace pour respirer, pour explorer et pour être elles-mêmes.

* Indépendance

En tant que signe d'air, elles sont naturellement curieuses et ont un grand désir d'explorer le monde autour d'elles. Ce désir d'indépendance est souvent exprimé par une exploration intellectuelle et créative.

L'indépendance pour elles signifie également la capacité de maintenir leur propre identité au sein de la relation. Elles respectent et apprécient l'autonomie de leur partenaire, ce qui peut renforcer leur lien. En même temps, leur aversion pour le désordre et le chaos les pousse à créer une relation harmonieuse et équilibrée où chaque partenaire peut s'épanouir indépendamment.

Leur besoin d'harmonie peut parfois entrer en conflit avec leur désir d'indépendance. Elles peuvent se trouver en difficulté lorsqu'elles doivent prendre des décisions seules, sans le soutien ou l'avis de leur partenaire. C'est là que leur tendance à l'indécision peut entrer en jeu, ce qui peut causer des tensions dans la relation.

Une relation peut être harmonieuse et équilibrée, tout en respectant l'individualité et l'indépendance de chaque partenaire. Les défis peuvent survenir lorsque la liberté et l'indépendance entrent en conflit avec leur désir d'harmonie et d'équilibre, mais leur nature diplomatique et leur volonté de trouver des compromis peuvent souvent aider à surmonter ces obstacles.

MARIAGE

Lorsqu'elles décident de s'unir par les liens sacrés du mariage, il se produit un spectacle fascinant d'harmonie, de charme et de romantisme. Vénus, la planète gouvernante de la Balance, veille sur ces unions, promettant un amour profond et un désir irrépressible de beauté et d'équilibre.

Elles partagent une appréciation mutuelle pour l'élégance, l'harmonie et le raffinement, ce qui se reflète dans tous les aspects de leur mariage. Leur foyer est un sanctuaire de beauté et de grâce, décoré avec un goût irréprochable. Leur sens inné du style imprègne leur environnement, leur vêtement, et même leur façon de se comporter l'une envers l'autre.

L'importance qu'elles accordent à l'équilibre et à la justice peut également contribuer à une relation matrimoniale saine et équilibrée. Elles aspirent à un équilibre parfait dans leur vie, ce qui peut les conduire à prendre des décisions mûrement réfléchies et à éviter les conflits. Elles cherchent à maintenir une atmosphère de paix et d'harmonie et ont une approche diplomatique des problèmes qui peuvent surgir dans leur mariage.

Leur tendance à l'indécision peut parfois se transformer en une source de frustration. Étant donné qu'elles passent beaucoup de temps à peser le pour et le contre, elles peuvent se retrouver coincées dans des situations où une décision rapide est nécessaire.

En matière d'amour, elles sont profondément romantiques et séduisantes. Leur union est souvent officialisée, car Vénus représente l'union et le mariage.

Elles détestent la solitude et apprécient la compagnie des autres, ce qui peut se traduire par une vie sociale très active. Leur mariage est souvent riche en interactions sociales, avec de nombreux amis et connaissances qui gravitent autour d'eux.

En dépit de leur amour pour la société, elles sont très sélectives dans le choix de leurs amis et évitent la vulgarité et le laisser-aller. Leur mariage est donc souvent entouré de personnes qui partagent leur amour de l'élégance et du raffinement.

RUPTURE, DIVORCE, RECONSTRUCTION

- La Rupture

La relation peut être d'une harmonie incomparable, tout comme elle peut être une source de conflit. C'est un véritable ballet de deux miroirs, reflétant chacun les mêmes qualités, mais aussi les mêmes défauts. Elles sont toutes deux gouvernées par Vénus, la planète de l'amour et de la beauté, ce qui peut mener à une esthétique commune dans leur vie commune et une compréhension mutuelle profonde. La Balance est un signe qui hésite constamment, qui pèse le pour et le contre, et cela peut se manifester dans leur relation.

Quand elles se retrouvent à un carrefour, elles peuvent avoir du mal à prendre une décision. Dans le contexte d'une rupture, cette indécision peut être dévastatrice. La prise de décision peut devenir un cercle vicieux, avec chaque Balance souhaitant plaire à l'autre, mais sans être capable de faire un choix définitif. Leur tendance à éviter le conflit peut également rendre une rupture plus difficile, car elles peuvent éviter de parler de problèmes jusqu'à ce qu'il soit trop tard.

- Le Divorce

Si un divorce devient inévitable, il est probable qu'il soit mené avec un certain niveau de dignité et de raffinement, ce qui est typique des Balances. En tant que signe symbolisant l'équilibre et la justice, elles chercheront à ce que les choses soient équitables et justes pour les deux parties. Elles pourraient même prendre le temps de décorer leurs nouveaux espaces de vie avec le même goût esthétique qui les unissait auparavant. Cependant, leur tendance à l'indécision pourrait retarder le processus de divorce, prolongeant la période de transition et augmentant le stress pour elles.

Leurs sentiments de solitude pourraient être exacerbés pendant cette période, ce qui pourrait les amener à chercher du réconfort auprès de leurs amis et de leur famille. Leur aversion pour la vulgarité pourrait les empêcher de discuter de leur divorce de manière ouverte, ce qui pourrait aggraver leur sentiment de solitude.

- La Reconstruction

La reconstruction après un divorce est un processus qui prend du temps, et cela implique de retrouver l'équilibre dans leur vie. Elles pourraient se concentrer sur leur environnement immédiat, en décorant leur nouvel espace de vie avec goût et élégance pour se sentir à nouveau chez elles. Leur besoin de sociabilité pourrait les amener à rechercher de nouvelles amitiés ou à renforcer les amitiés existantes. Elles pourraient même trouver un certain réconfort dans l'harmonie et la beauté de l'art ou de la musique.

~

CHAPITRE 9

Balance - Scorpion

DESCRIPTION DU SIGNE DU SCORPION

Le Scorpion a la particularité d'être dirigé par deux planètes, ce qui engendre d'une part la mort, la destruction, la fin des choses, les forces cachées, la transformation, la régénération, la reconstruction, la mutation et, d'autre part, sa puissance. Il va utiliser cette force de régénération pour se sortir vainqueur d'une mauvaise passe ou d'une épreuve. Grâce à cette force de transformation, il peut littéralement "renaître de ses cendres" et sortir victorieux d'une mauvaise situation, et ce, dans tous ses domaines de vie. Son sens psychologique est puissant. Mais il est aussi secret, menteur, manipulateur et même dangereux si l'on s'oppose à lui. Le mystère l'attire ainsi que l'ésotérisme, la réincarnation et l'occulte. Il lit facilement les émotions des autres. Cette maîtrise contribue à son magnétisme et à l'attraction qu'il exerce sur les autres.

Entier, autoritaire, fort, idéaliste, sensible, loyal et aimant, il partage aisément son affection. Mais s'il est abusé, il deviendra tyrannique, voire agressif ou violent. Il peut se montrer rancunier, vengeur et sadique. Dans ces moments-là, il ne se contrôle plus et incarne tout ce qu'il y a de mauvais dans son signe. Son tempérament variable et ses brusques changements d'humeur le rendent difficile à supporter.

LE SCORPION ET L'AMOUR

Le Scorpion, en matière d'amour, est un être de passion débordante qui voit l'autre non seulement comme un partenaire, mais aussi comme une extension de lui-même. Cette vision de l'amour se traduit par un désir ardent de fusion totale avec son compagnon, ce qui lui donne l'impression de détenir un pouvoir total, comme s'il était en mesure de manipuler à sa guise les sentiments et les plaisirs de l'autre. Cette volonté de tout contrôler est une facette incontournable de sa personnalité amoureuse, dévoilant une tendance à expérimenter et à s'aventurer sur des sentiers peu fréquentés par les autres signes du zodiaque.

Dans l'intimité, le Scorpion épanouit sa sexualité avec une fougue et une passion rarement égalées. Son approche est sans réserve, sans demi-mesure, traduisant un caractère à la fois entier et têtu. Cette intensité, toutefois, ne doit pas éclipser sa sensibilité. Derrière le masque du dominateur se cache une créature émotionnelle, dont les sentiments peuvent être facilement blessés par son désir de possession et de contrôle.

Le Scorpion est un être contradictoire : d'un côté, il est un amant extraordinaire, capable de posséder l'intimité de l'autre avec une intensité incomparable ; de l'autre, il garde jalousement ses secrets, refusant de se dévoiler entièrement. Ce signe d'eau est émotif et prudent, s'attachant facilement mais protégeant farouchement ses propres sentiments.

Son attachement est aussi sa faille. Le Scorpion, bien qu'il soit un partenaire fidèle, ne tolère pas la trahison. Une blessure à son amour-propre peut engendrer une vengeance redoutable. Il craint plus que tout l'infidélité, ce qui le rend d'autant plus fidèle en amour.

Le Scorpion, en fin de compte, est un signe qui se définit fortement par sa sexualité. Son instinct, sa passion et son désir sexuel sont presque animal, exprimant un goût pour l'érotisme et, parfois, pour la pornographie. Ces aspects de sa personnalité, bien qu'ils puissent être sources de complications, sont aussi les moteurs de son amour intense, véritable et infini.

LA RENCONTRE ENTRE UNE BALANCE ET UN SCORPION

Lorsqu'ils se rencontrent, il y a une attraction inévitable entre la douceur et l'élégance de la Balance, le mystère et la passion du Scorpion. La Balance, gouvernée par Vénus, la planète de l'amour et de la beauté, est charmante et sociable, tandis que le Scorpion, gouverné par Mars et Pluton, est intense et profond. Ils sont l'incarnation de l'opposition entre la lumière et l'ombre, une danse délicate d'attraction et de répulsion.

Leur relation peut s'avérer à la fois fascinante et tumultueuse. La Balance, avide de paix et d'harmonie, peut être déconcertée par l'intensité émotionnelle du Scorpion. Le charme et la douceur de la Balance peuvent adoucir le Scorpion et l'aider à s'ouvrir. Le Scorpion peut aider la Balance à explorer les profondeurs de ses émotions et à se connecter à sa force intérieure.

Au sein de leur relation, la Balance est probablement la plus sociable des deux. Ils ont un large cercle d'amis et aiment la vie sociale. Le Scorpion, en revanche, est plus réservé et sélectif dans ses relations. Tous deux peuvent apprendre de leurs différences. La Balance peut enseigner au Scorpion l'art de la diplomatie et du compromis, tandis que le Scorpion peut montrer à la Balance comment être plus résolu et assertif.

Ils sont tous deux passionnés mais à leur manière. La Balance, qui valorise l'harmonie, cherche à créer une relation équilibrée, tandis que le Scorpion, intense et profond, aspire à une union fusionnelle. Le Scorpion peut initier la Balance à une passion plus profonde, tandis que la Balance peut apporter une légèreté et une douceur nécessaires pour équilibrer l'intensité du Scorpion.

Leur union n'est pas sans défis. La Balance, connue pour son indécision, peut être submergée par la nature déterminée du Scorpion. De plus, le Scorpion, avec sa nature possessive, peut trouver la nature sociable et charmante de la Balance menaçante.

Le Scorpion doit comprendre que la Balance a besoin de sociabilité et d'interaction pour se sentir équilibrée, tandis que la Balance doit respecter le besoin de solitude et d'intimité du Scorpion. La Balance doit apprendre à être plus décisive, tandis que le Scorpion doit apprendre à contrôler sa possessivité et sa jalousie. La clé de leur relation est la communication et le respect mutuel. Si la Balance et le Scorpion parviennent à naviguer dans leurs différences, ils peuvent créer une union qui est à la fois passionnée et équilibrée, une danse de la lumière et de l'ombre qui est à la fois fascinante et profonde.

ROMANCE, PLAISIRS, SÉDUCTION

- Romance

La romance entre eux est une danse délicate, un mélange de passion et d'équilibre. La Balance, sous l'influence de Vénus, est charmante, romantique et cherche toujours à maintenir l'harmonie dans la relation. Elle apporte la beauté, la douceur et la diplomatie, créant une atmosphère sereine. Le Scorpion est intense, passionné et profondément émotif. Il apporte à la relation une passion sans bornes et une loyauté indéfectible.

Ils peuvent se compléter merveilleusement bien, la Balance apportant une certaine légèreté à l'intensité du Scorpion, et ce dernier apportant une profondeur et une sincérité à la relation que la Balance peut trouver rafraîchissante. Ils doivent faire attention à leurs différences. Le Scorpion peut trouver la Balance trop légère ou détachée, tandis que la Balance peut être déconcertée par l'intensité du Scorpion.

- Plaisirs

Les plaisirs qu'ils partagent sont un autre aspect intéressant de leur relation. La Balance, avec son amour du raffinement et de la beauté, et le Scorpion, avec sa profondeur et sa passion, peuvent trouver des moyens uniques d'apprécier la vie ensemble. Ils pourraient partager des plaisirs tels que l'appréciation de l'art, l'exploration de la psychologie humaine, ou même des expériences plus intenses et sensuelles.

Là encore, ils doivent être conscients de leurs différences. Le Scorpion pourrait chercher des expériences plus intenses et transformer la vie en une quête de vérité et de signification, tandis que la Balance pourrait préférer une approche plus légère et plus esthétique.

- Séduction

La séduction entre eux est un jeu de pouvoirs subtil. La Balance, avec son charme naturel et sa diplomatie, sait comment séduire de manière subtile et gracieuse. Le Scorpion, en revanche, est intense et magnétique, attirant les autres avec une passion ardente. Dans leur danse de séduction, ils peuvent se trouver intrigués l'un par l'autre, la Balance étant attirée par le mystère et l'intensité du Scorpion, et ce dernier étant fasciné par le charme et la grâce de la Balance.

Ils doivent faire attention à leurs styles de séduction. La Balance pourrait avoir du mal à gérer l'intensité du Scorpion, tandis que ce dernier pourrait trouver la Balance trop détachée ou indécise. Ils devront apprendre à naviguer dans ces eaux délicates avec tact et respect mutuel.

AFFINITÉS, RELATIONS AMOUREUSES

- Affinités

La Balance et le Scorpion présentent des affinités à la fois intrigantes et complexes. Les valeurs et qualités de ces deux signes sont comme deux faces d'une même pièce, ce qui peut conduire à une relation passionnante mais aussi déroutante.

La Balance, gouvernée par Vénus, apporte le charme, la sociabilité et le désir d'harmonie. Elle est douée pour la diplomatie, est profondément sociale et apprécie la beauté et l'élégance. Le Scorpion, gouverné par Mars et Pluton, est intense, passionné, secret et puissant. Il est attiré par les mystères de la vie et possède une résilience remarquable.

Ils partagent cependant un sens commun de loyauté et un dévouement envers ceux qu'ils aiment. La Balance est prête à faire des compromis pour maintenir l'harmonie, tandis que le Scorpion est prêt à se battre pour protéger les siens. Ensemble, ils peuvent créer une dynamique d'équilibre entre la douceur de la Balance et la force du Scorpion.

Cependant, leur divergence peut également être une source de conflit. Le besoin de la Balance pour l'harmonie et le compromis peut être mis à rude épreuve par l'intensité et l'obstination du Scorpion. De même, le Scorpion peut trouver la légèreté et l'indécision de la Balance frustrantes.

- Relations Amoureuses

En amour, ils forment un duo intrigant. La Balance, charmante et sociable, peut être attirée par la passion et l'intensité du Scorpion. Le Scorpion peut être captivé par le charme et l'harmonie de la Balance. Ils ont tous deux un désir profond d'aimer et d'être aimés, ce qui peut créer une forte attraction mutuelle.

La Balance recherche l'équilibre dans une relation, alors que le Scorpion cherche la profondeur et l'intensité. La Balance peut aider à adoucir les intensités émotionnelles du Scorpion avec sa diplomatie et son sens du compromis. Le Scorpion peut aider la Balance à explorer les profondeurs de ses émotions et à faire face à ses indécisions.

Leurs différences peuvent également causer des conflits. Le Scorpion, avec son intensité et sa nature possessive, peut sembler trop dominant pour la Balance, qui apprécie l'harmonie et la paix. De même, la Balance peut sembler trop indécise et superficielle pour le Scorpion, qui apprécie la profondeur et l'authenticité.

Leur relation peut être un parcours d'apprentissage et de croissance pour les deux. La Balance peut apprendre du Scorpion à embrasser l'intensité et la profondeur de ses émotions, tandis que le Scorpion peut apprendre de la Balance à adoucir ses ardeurs et à apprécier la beauté de l'harmonie et de l'équilibre.

FOUGUE ET PASSION

- La Fougue

Dès leur première rencontre, ils semblent se comprendre intuitivement.

Ils se démarquent par leur fougue, bien que celle-ci se manifeste de manière différente chez chacun d'entre eux. Pour la Balance, la fougue est douce, gracieuse et enveloppante, comme une danse qui invite à la séduction.

Le Scorpion, lui, exhibe une fougue plus intense, presque brûlante, qui se manifeste par une passion profonde et une détermination inébranlable.

Ils sont attirés par cette différence mutuelle. La Balance est charmée par l'intensité du Scorpion, par cette détermination qui semble inébranlable.

Le Scorpion est intrigué par l'élégance et la grâce de la Balance, par ce charme qui opère sans effort. Ils se trouvent dans cette danse subtile, où la fougue de l'un répond à celle de l'autre, créant une dynamique magnétique et électrisante.

Cependant, cette fougue pourrait également être une source de conflit.

Le Scorpion, avec son intensité et sa profondeur, pourrait trouver la Balance trop légère ou insouciante. La Balance pourrait se sentir dépassée par la profondeur du Scorpion, sa passion pouvant parfois se transformer en obsession. Il est donc crucial pour eux de comprendre et de respecter ces différences pour éviter que la fougue ne se transforme en tempête.

- La Passion

Si la fougue les rapproche, la passion les unit. Ils vivent tous deux leurs sentiments de manière intense. La Balance, gouvernée par Vénus, cherche à plaire, à séduire, et est emplie d'une affection douce et romantique. Le Scorpion, avec son désir ardent et sa passion presque animale, apporte une intensité qui donne à leur relation une profondeur unique.

Cette passion peut s'exprimer de manière différente. La Balance recherche une relation harmonieuse et équilibrée, où chacun est écouté et respecté.

Le Scorpion peut parfois se laisser emporter par ses émotions, devient possessif et jaloux. Cette différence peut parfois créer des tensions, la Balance cherchant la paix et l'équilibre, tandis que le Scorpion se laisse emporter par l'intensité de ses sentiments.

S'ils parviennent à canaliser cette passion, elle peut devenir une force puissante qui renforce leur lien. La Balance peut apprendre du Scorpion à approfondir ses sentiments, à ne pas craindre l'intensité. Le Scorpion, quant à lui, peut apprendre de la Balance l'importance de l'harmonie et de l'équilibre, à ne pas se laisser submerger par ses émotions.

La relation est un mélange fascinant de fougue et de passion. Bien qu'ils soient très différents, ils peuvent apprendre énormément l'un de l'autre et créer une relation dynamique et profonde, s'ils sont prêts à faire preuve de patience, de respect mutuel et de compréhension.

INTIMITÉ PHYSIQUE

L'intimité physique est une rencontre entre deux univers distincts, une danse entre la douceur de la Balance et la passion du Scorpion. Comme le miroir d'une relation complexe et profonde, leur intimité physique est le lieu d'expression de deux énergies opposées mais complémentaires.

D'une part, la Balance, gouvernée par Vénus, la planète de l'amour et de la beauté, apporte dans leur intimité un désir d'harmonie, de douceur et de sensualité. Elle souhaite être aimée, désirée, et cherche à plaire à son partenaire. Son élégance naturelle et son goût pour le raffinement se manifestent également dans son approche de l'intimité physique. Elle est attirée par la beauté, l'équilibre et la romance, et elle exprime son affection de manière subtile et délicate.

D'autre part, le Scorpion, régi par Mars et Pluton, apporte une dimension plus intense et passionnée à leur intimité. Son instinct, sa passion et son désir sexuel presque animal se traduisent par une approche de l'intimité plus fougueuse, presque enflammée. Pour lui, l'intimité physique est un lieu de fusion et de possession, une expérience intense et profonde qui dépasse la simple satisfaction des sens.

Lorsqu'ils sont ensemble, ces différentes approches de l'intimité peuvent créer une dynamique fascinante. Le Scorpion peut introduire la Balance à une passion plus intense et à une expression plus profonde de la sensualité, tandis que la Balance peut adoucir l'intensité du Scorpion, introduisant une dimension de douceur et de tendresse qui peut être nouvelle pour lui.

Leur intimité physique peut également être le terrain de certaines difficultés. Le besoin du Scorpion de contrôler et de posséder peut parfois entrer en conflit avec le désir de la Balance de plaire et d'être aimée. La Balance peut se sentir submergée par l'intensité du Scorpion, tandis que le Scorpion peut se sentir frustré par l'hésitation et l'indécision de la Balance.

Malgré ces défis, leur intimité physique a le potentiel d'être une expérience enrichissante et satisfaisante pour tous les deux. Avec la compréhension et la communication, ils peuvent apprendre à naviguer dans leurs différences, explorant ensemble le monde de l'intimité physique et découvrant les nombreuses façons dont leurs énergies peuvent s'harmoniser et se compléter. L'intimité entre eux peut alors devenir une danse équilibrée de passion et de douceur, une célébration de leur lien unique.

POSSESSION ET JALOUSIE

- Possession

Ils peuvent sembler très différents à première vue. Lorsqu'ils entrent en relation, ils sont susceptibles de se compléter de manière fascinante. La notion de possession est un thème récurrent dans leur interaction, de par la nature du Scorpion et la réceptivité de la Balance.

Le Scorpion est un signe passionné qui cherche à posséder complètement son partenaire. Il s'agit d'une fusion totale des esprits, des cœurs et des corps. Ce désir de possession n'est pas simplement physique, mais aussi émotionnel et spirituel. Il est profondément attaché à son partenaire et veut le connaître de manière exhaustive. Il est prêt à plonger dans les profondeurs de l'âme de la Balance pour en découvrir les secrets les plus intimes.

La Balance est un signe gouverné par Vénus, la planète de l'amour et de l'harmonie. Elle est charmante, romantique et recherche toujours l'équilibre dans ses relations. Elle peut être attirée par l'intensité du Scorpion et par son désir de possession complète. Cela peut lui apporter un sentiment de sécurité, de stabilité et d'importance. La Balance, en quête d'harmonie et d'équilibre, pourrait trouver une certaine satisfaction dans la passion et le désir de possession du Scorpion.

Cette dynamique de possession peut également créer des tensions entre eux. La Balance, qui valorise son indépendance et sa liberté, pourrait se sentir étouffée par l'intensité du Scorpion. Le Scorpion pourrait se sentir frustré si la Balance ne répond pas à son désir de fusion complète.

- Jalousie

La jalousie est un autre aspect qui peut entrer en jeu dans une relation entre la Balance et le Scorpion. Elle est souvent alimentée par le désir de possession du Scorpion et la sociabilité naturelle de la Balance.

Le Scorpion est un signe qui redoute profondément la trahison. Il est fidèle à son partenaire et attend la même loyauté en retour. Il peut être très possessif et jaloux, surtout s'il ressent une menace pour la relation. Cette jalousie peut être exacerbée par la sociabilité de la Balance, qui aime être entourée de personnes et qui peut attirer l'attention de par son charme naturel.

La Balance cherche l'harmonie et la paix dans ses relations. Elle peut être déconcertée par l'intensité de la jalousie du Scorpion, et ne peut pas comprendre pourquoi son partenaire se sent menacé. Elle peut avoir du mal à gérer cette jalousie, surtout si elle se sent limitée dans sa liberté sociale.

Il est important de communiquer ouvertement sur leurs sentiments et leurs préoccupations. La Balance peut avoir besoin de rassurer le Scorpion de son engagement envers la relation, tandis que le Scorpion peut avoir besoin d'apprendre à faire confiance à la Balance et à respecter son besoin d'interactions sociales. Avec une communication et une compréhension mutuelle, ils peuvent trouver un équilibre entre leur besoin d'intimité et leur désir d'indépendance.

FIDÉLITÉ

Dans le spectre large de la fidélité, ils incarnent deux facettes différentes mais complémentaires. La Balance, gouvernée par Vénus, planète de l'amour et de l'harmonie, est naturellement inclinée vers l'engagement et la fidélité. Elle valorise les relations durables et stables, elle cherche toujours l'équilibre et l'harmonie dans ses relations. Son horreur de la solitude la pousse à s'engager pleinement dans ses relations, ce qui se traduit par une fidélité indéfectible envers ceux qu'elle aime.

Le Scorpion, de son côté, est un signe intense et passionné. Sa nature profonde est de posséder complètement l'autre, de fusionner avec lui. Cet engagement total envers son partenaire se traduit également par une fidélité profonde. Cependant, sa fidélité est d'une nature différente de celle de la Balance. Le Scorpion redoute par-dessus tout la trahison et s'engage dans la fidélité non seulement par amour, mais aussi par un désir de contrôle et de possession.

Ils ont tous les deux une forte tendance à la fidélité, mais pour des raisons différentes. La Balance est fidèle par amour pour l'harmonie et l'équilibre, alors que le Scorpion est fidèle par intensité et par peur de la trahison. Cette différence peut parfois conduire à des malentendus. Par exemple, la Balance peut percevoir l'intensité du Scorpion comme étant possessive ou contrôlante, alors que le Scorpion peut percevoir le désir d'harmonie de la Balance comme un manque de passion ou d'intensité.

Ces différences peuvent également être complémentaires. La Balance peut apporter de l'équilibre et de la douceur à l'intensité du Scorpion, tandis que le Scorpion peut apporter de la passion et de la profondeur à la relation. Leur engagement mutuel envers la fidélité peut également créer un lien solide entre eux, leur permettant de surmonter les défis qui peuvent survenir.

Il est important de communiquer ouvertement et honnêtement sur leurs attentes et leurs besoins en matière de fidélité. Ils doivent comprendre et respecter les motivations de l'autre pour être fidèle et travailler ensemble pour créer une relation basée sur le respect mutuel et l'engagement.

Malgré leurs différences, ils ont tous deux une forte tendance à la fidélité, ce qui peut contribuer à la solidité et à la durabilité de leur relation. Avec de la communication et de la compréhension, ils peuvent surmonter leurs différences et créer une relation harmonieuse et passionnée.

LIBERTÉ ET INDÉPENDANCE

• Liberté

Ils découvrent rapidement que la notion de liberté est un concept complexe et multidimensionnel.

La Balance, gouvernée par Vénus, est un signe qui aime la liberté dans le sens de la légèreté, de la beauté et de l'harmonie. Ils aiment les espaces ouverts, les conversations brillantes, le temps pour apprécier l'art et la beauté. La liberté pour une Balance est un lieu de paix, une harmonie qui reflète leur désir intrinsèque d'équilibre et de justice. Ils ont besoin d'espace pour se balancer d'un côté à l'autre, pesant les pour et les contre avant de prendre une décision.

Le Scorpion est un signe d'eau profonde, gouverné par Mars et Pluton. Ils voient la liberté d'un point de vue différent. La liberté pour un Scorpion est la capacité de plonger dans les profondeurs, d'explorer les tréfonds de l'âme humaine sans être entravé. Ils ont besoin de liberté pour exprimer leur intensité et leur passion, pour se transformer et renaître. La liberté pour eux est synonyme d'intimité émotionnelle, d'authenticité et de vérité.

Lorsqu'ils se rencontrent, la Balance peut être attirée par la profondeur du Scorpion, tandis que le Scorpion peut être charmé par la légèreté et le charme de la Balance. Ils peuvent apprendre l'un de l'autre, la Balance apportant une certaine légèreté aux eaux profondes du Scorpion, tandis que le Scorpion peut aider la Balance à plonger un peu plus profondément. Ils doivent également respecter les libertés de l'autre, car leur perception de la liberté est différente.

• Indépendance

L'indépendance est un autre domaine où ils peuvent à la fois se compléter et se défier.

La Balance, en tant que signe d'air, a besoin d'indépendance intellectuelle. Ils ont besoin de la liberté de penser, de discuter, d'échanger des idées. Ils aiment être entourés de personnes, mais ils ont aussi besoin d'espace pour respirer et être eux-mêmes. En tant que signe cardinal, ils ont besoin de la liberté de s'exprimer et de prendre des décisions.

Le Scorpion, en revanche, a besoin d'indépendance émotionnelle. Ils ont besoin de la liberté de ressentir pleinement et profondément, sans être jugés ou réprimés. Ils ont besoin de la liberté de plonger dans leurs propres profondeurs émotionnelles, et bien qu'ils soient très attachés à leurs partenaires, ils ont aussi besoin de leur propre espace pour se retrouver et se régénérer.

MARIAGE

Ils unissent leurs forces dans le cadre du mariage, cela crée une dynamique fascinante, pleine de nuances et de complexité. Il est important de noter que ces deux signes sont gouvernés par des planètes complètement différentes, ce qui confère à chacun une vision unique de l'amour et de la vie.

La Balance est charmante, sociable et éprise de paix et d'harmonie. Ils valorisent la beauté, le raffinement et ont une aversion pour le désordre. Pour eux, l'équilibre est la clé, ce qui se reflète dans leur désir de justice et de paix. Ils aiment être aimés et admirés, et ont une aversion pour la solitude. Ils sont donc très enclins à officialiser leur relation et à s'engager dans le mariage.

Le Scorpion est un signe complexe, régi par Mars, la planète de l'ambition et de la volonté, et par Pluton, la planète de la transformation et de la régénération. Ils sont souvent perçus comme secrets, puissants et parfois dangereux lorsqu'ils se sentent menacés. Ils sont entiers et passionnés, avec une forte tendance à la possession et au contrôle, en particulier en amour.

C'est là que la dynamique entre eux peut devenir intéressante. Leur mariage est une fusion d'amour, de beauté, de pouvoir et de passion. La Balance, cherchant l'harmonie et l'équilibre, pourrait être le contrepoids parfait à l'intensité du Scorpion. Le besoin de contrôle du Scorpion pourrait entrer en conflit avec le désir d'égalité de la Balance.

Ils peuvent apprendre beaucoup l'un de l'autre dans leur union. La Balance peut apprendre au Scorpion à adoucir ses ardeurs, à apprécier la beauté et l'harmonie, tandis que le Scorpion peut aider la Balance à explorer leur côté plus profond et plus intense. L'équilibre est une valeur fondamentale pour la Balance, tandis que le Scorpion vise à la transformation et au renouvellement, ce qui peut créer une relation dynamique et évolutive.

Leur mariage ne sera pas sans défis, mais c'est précisément ce qui rend leur relation fascinante. Le Scorpion peut parfois être trop possessif pour la Balance qui valorise l'égalité, et la Balance peut sembler trop superficielle pour le Scorpion qui apprécie la profondeur et l'intensité. Cependant, s'ils parviennent à surmonter ces différences et à apprécier les forces de l'autre, leur mariage peut être une union puissante de deux forces complémentaires.

RUPTURE, DIVORCE, RECONSTRUCTION

- La Rupture

La rupture peut être un processus complexe et tumultueux. Ils sont fortement influencés par leurs planètes respectives, Vénus pour la Balance, signifiant l'amour et la beauté, et Pluton et Mars pour le Scorpion, symbolisant la transformation et la puissance. Cette différence fondamentale entre eux peut parfois mener à une incompréhension mutuelle.

La Balance, charmante et sociable, recherche l'équilibre et l'harmonie dans ses relations. Elle peut avoir du mal à gérer l'intensité émotionnelle du Scorpion, qui est passionné, secret et souvent en proie à des changements d'humeur. De plus, la tendance du Scorpion à vouloir dominer et contrôler peut entrer en conflit avec le désir de la Balance de maintenir la paix et l'équité.

Lorsque la rupture survient, elle peut être particulièrement dévastatrice. Le Scorpion, qui redoute la trahison, peut ressentir profondément la fin de la relation et peut se montrer rancunier, voire vengeur. La Balance qui recherche la paix et l'harmonie, peut être bouleversée par le conflit et la discorde qui accompagnent souvent une rupture.

- Le Divorce

Le processus de divorce peut être complexe, en raison de leur approche différente des relations. Alors que la Balance a tendance à rechercher l'harmonie et l'équité, le Scorpion, sous l'influence de Pluton et Mars, peut adopter une approche plus combative.

Le Scorpion, avec son sens puissant de l'auto-préservation et sa volonté de contrôle, peut essayer d'exercer son pouvoir dans les négociations de divorce. Cela peut être difficile pour la Balance qui recherche l'équité et peut avoir du mal à prendre des décisions fermes. La Balance, avec sa capacité à la diplomatie, peut trouver des moyens de négocier pour arriver à un accord mutuellement bénéfique.

- La Reconstruction

Après la rupture et le divorce, la reconstruction peut prendre des formes différentes pour la Balance et le Scorpion. Le Scorpion, connu pour sa capacité à se régénérer et à reconstruire, peut utiliser cette période pour se transformer. Il peut littéralement "renaître de ses cendres" et sortir victorieux d'une mauvaise situation.

La Balance peut chercher à restaurer l'harmonie et l'équilibre dans sa vie. Elle peut se concentrer sur le maintien de ses relations sociales, qui sont très importantes pour elle, et sur le renforcement de son sens de l'esthétique et de la beauté, que ce soit dans son environnement personnel ou dans son apparence.

≈

CHAPITRE 10

Balance - Sagittaire

DESCRIPTION DU SIGNE DU SAGITTAIRE

Le trait de caractère dominant du Sagittaire est l'optimisme.

Il est sympathique, enthousiaste, amical et sincère. Il se montre sociable, généreux, joueur et conquérant. Il est également curieux, courageux, dynamique, chanceux, mais aussi... imprudent. Il aime l'aventure, les voyages lointains, faire du tourisme, découvrir des cultures anciennes ou exotiques. De manière générale, il est attiré par l'étranger et les grands espaces. La planète maîtresse du Sagittaire est Jupiter, planète de la chance, de l'indépendance et de la liberté. Mais c'est aussi la planète de l'expansion, ce qui pousse le natif du sagittaire à faire des excès. Audacieux, ce dernier aime la nouveauté et peut commencer plusieurs activités à la fois et n'en finir aucune... d'où son manque de stabilité. Il est donc fréquent qu'il n'arrive pas à tenir ses engagements, du fait de ses changements constants. Il déteste la routine. Et s'il y est confronté, il se montre alors susceptible, voire impulsif et agit sans réfléchir. Orgueilleux, le natif du Sagittaire peut être prétentieux, colérique, fier, vantard et indomptable. Autant d'impulsivité peut le rendre maladroit et le faire manquer de tact.

LE SAGITTAIRE ET L'AMOUR

Gouverné par le feu du Sagittaire, ce natif se révèle être un véritable tourbillon de passion, d'énergie et de charme. En matière d'amour, il s'implique avec une authenticité indéniable, offrant un amour qui n'est pas seulement un sentiment passager, mais un lien sincère et profond qui peut résister aux épreuves du temps. Son amour est enveloppant, protecteur et dénué de faux-semblants.

Son partenaire idéal n'est pas nécessairement un objet de désir physique, mais plutôt une personne qui sait stimuler son esprit. Il est attiré par ceux qui débordent de connaissances et partagent sa philosophie de vie. Pour le Sagittaire, un partenaire idéal est quelqu'un qui sait marcher à ses côtés dans la quête sans fin du savoir et de l'expansion.

Le Sagittaire se caractérise par son amour de la liberté. Il peut craindre de s'engager, non parce qu'il redoute l'intimité ou la proximité, mais parce qu'il voit l'engagement comme une entrave à sa liberté. Cette crainte de l'engagement peut rendre le Sagittaire quelque peu instable en amour, oscillant entre le désir d'intimité et le besoin d'espace. De plus, la dualité inhérente à la nature du Sagittaire peut le rendre imprévisible, parfois même conduire à l'infidélité.

L'esprit compétitif du Sagittaire peut également se manifester dans ses relations. Il a tendance à être jaloux, non par manque de confiance, mais par son désir de se surpasser constamment. Cette compétitivité peut rendre ses relations amoureuses plus intenses, mais peut également être source de tension.

Cependant, lorsque le Sagittaire décide de franchir le pas du mariage, il le fait avec toute la gravité que cela implique. Une fois engagé, il est capable de mettre de côté ses craintes et d'accorder une importance majeure à sa vie de couple et à sa famille. Son mariage n'est pas seulement un engagement envers un autre individu, mais un engagement envers une vie partagée, une union qui occupe une place centrale dans son monde. Alors que le Sagittaire peut être instable en amour, en matière de mariage, il fait preuve d'une loyauté et d'un dévouement qui peuvent surprendre ceux qui le connaissent moins bien.

LA RENCONTRE ENTRE UNE BALANCE ET UN SAGITTAIRE

Malgré leurs différences, ils possèdent des traits de caractère complémentaires qui pourraient permettre à une relation unique et enrichissante de s'épanouir.

La Balance, gouvernée par Vénus, la planète de l'amour et de la beauté, apporte une touche d'harmonie et de charme à la relation. Sa nature sociable et sa vive intelligence lui permettent de comprendre et d'apprécier le Sagittaire. La Balance est douée pour la diplomatie et sait écouter les autres, deux atouts qui peuvent aider à apaiser l'imprudence et l'impulsivité du Sagittaire. La Balance, en quête constante d'équilibre et de justice, pourrait fournir un cadre structuré et équilibré à leur relation, ce qui pourrait aider le Sagittaire à canaliser son énergie et sa soif d'aventure.

Le Sagittaire est une bouffée d'air frais pour la Balance. Gouverné par Jupiter, le Sagittaire apporte optimisme, curiosité et dynamisme à la relation. Son goût pour l'aventure et sa soif de liberté peuvent stimuler la Balance et l'inciter à sortir de sa zone de confort. Le Sagittaire, avec sa sincérité et son enthousiasme, est capable de séduire la Balance, qui apprécie la vérité et la loyauté. Le Sagittaire, par sa nature audacieuse et passionnée, pourrait également aider la Balance à surmonter son indécision, l'encourageant à faire des choix plus audacieux.

En amour, ils peuvent constituer un duo fascinant. La Balance, romantique et désireuse d'officialiser sa relation, pourrait être attirée par le Sagittaire, sincère et protecteur dans ses sentiments. Le Sagittaire, qui craint l'engagement par peur de perdre sa liberté, pourrait apprendre à apprécier la stabilité que la Balance peut offrir. Toutefois, ils devront travailler sur leurs différences. La Balance, qui a horreur de la solitude, pourrait se sentir négligée si le Sagittaire ne parvient pas à maîtriser son désir d'indépendance.

Il est important pour eux de garder à l'esprit que leur relation ne sera pas sans défis. La Balance, en quête de perfection, pourrait être agacée par l'imprudence du Sagittaire. De même, le Sagittaire, qui déteste la routine, pourrait se sentir restreint par le besoin d'ordre de la Balance. Il leur faudra apprendre à respecter leurs différences et à trouver un équilibre entre leurs besoins respectifs.

ROMANCE, PLAISIRS, SÉDUCTION

- Romance

Ils se découvrent, se scrutent et se charment. La Balance, guidée par la planète Vénus, et le Sagittaire, sous l'influence de Jupiter, ne semblent pas, au premier abord, destinés à s'entendre. Toutefois, la différence peut être un ingrédient particulièrement puissant pour une romance captivante.

Le Sagittaire, avide d'aventures et de liberté, est charmé par l'harmonie et le raffinement de la Balance. L'optimisme contagieux du Sagittaire, son goût pour l'inconnu et la découverte, peuvent apporter une nouvelle dimension à la vie de la Balance, qui recherche un équilibre constant. La Balance, quant à elle, peut apporter une dose de sensibilité et de sérénité au Sagittaire, qui a souvent besoin de se poser et de réfléchir.

En amour, la Balance recherche une relation équilibrée et harmonieuse, tandis que le Sagittaire aspire à une relation passionnée et pleine de liberté. C'est là que réside le défi de leur romance. Ils devront apprendre à composer avec leurs différences pour créer une relation qui leur permette à la fois de s'épanouir individuellement et de grandir ensemble.

- Plaisirs

Leur recherche de plaisirs est aussi variée que leurs personnalités. La Balance, avec son amour pour l'esthétique et l'harmonie, apprécie les plaisirs simples et raffinés. Elle aime la beauté des choses, qu'il s'agisse de l'art, de la musique ou de la décoration de leur maison. Le Sagittaire recherche des plaisirs plus aventureux. Il aime voyager, découvrir de nouvelles cultures, et explorer les grands espaces.

Dans leur quête commune de plaisir, ils peuvent s'épanouir en partageant leurs passions. La Balance peut apprendre au Sagittaire à apprécier le charme du raffinement, tandis que le Sagittaire peut emmener la Balance à l'aventure, lui montrant que le plaisir peut aussi résider dans l'inconnu et l'inattendu.

- Séduction

En matière de séduction, ils possèdent chacun des atouts considérables. La Balance, avec son charme naturel et son sens du beau, sait comment attirer et retenir l'attention du Sagittaire. Son élégance et son raffinement peuvent être irrésistibles pour le Sagittaire, qui est souvent attiré par les personnes authentiques et sincères.

Le Sagittaire, avec son optimisme, son audace et sa passion pour la vie, peut séduire la Balance par son dynamisme. Sa quête incessante de nouvelles expériences, sa soif de découverte et son amour pour la liberté peuvent être très attrayants pour la Balance, qui apprécie les personnes qui savent ce qu'elles veulent.

AFFINITÉS, RELATIONS AMOUREUSES

- Affinités

Ils partagent une série de traits qui peuvent les rapprocher et créer une véritable affinité entre eux. Tous deux sont des signes sociables, appréciant la compagnie d'autrui et s'épanouissant dans les interactions sociales. Leur amour pour la vie sociale et leur capacité à se mélanger facilement à différents groupes peut constituer un terrain commun solide pour une amitié ou une relation amoureuse.

Le Sagittaire, avec son optimisme et son enthousiasme, peut apporter de la joie et de l'énergie à la vie de la Balance, qui appréciera cette insouciance et cette dynamique. En retour, la Balance, avec son charme et sa diplomatie, peut aider le Sagittaire à naviguer avec plus de grâce dans les situations sociales. En outre, la Balance, qui valorise l'équilibre et la justice, pourrait être attirée par l'honnêteté et la sincérité du Sagittaire.

Ils peuvent aussi avoir des désaccords, notamment en raison de leurs différences de personnalité. Le Sagittaire, par exemple, est connu pour son amour de la liberté et son aversion pour la routine, tandis que la Balance recherche la stabilité et l'harmonie. Le Sagittaire peut parfois sembler imprudent ou indomptable pour la Balance, qui valorise l'équilibre et la réflexion. En même temps, la Balance peut sembler trop indécise ou trop préoccupée par l'opinion des autres pour le Sagittaire, qui valorise l'indépendance et l'authenticité.

- Relations Amoureuses

Dans une relation amoureuse, ils peuvent se compléter de manière intéressante. La Balance, gouvernée par Vénus, la planète de l'amour, est charmante et romantique. Elle apprécie la beauté et l'harmonie et recherche un partenaire qui peut lui offrir une relation équilibrée et satisfaisante. D'un autre côté, le Sagittaire est passionné et aventureux, toujours prêt à explorer de nouvelles possibilités.

Le Sagittaire peut apporter de l'excitation et de l'aventure à la vie de la Balance, ce qui peut équilibrer la tendance de cette dernière à l'indécision. La Balance, avec son sens du raffinement et son charme, peut ajouter une touche de sophistication et de romantisme à la vie du Sagittaire. Il est important pour eux de communiquer clairement leurs attentes et leurs besoins pour éviter les malentendus.

Cependant, la relation peut rencontrer des défis. Le Sagittaire, avec son amour de la liberté, peut avoir du mal à s'engager, ce qui pourrait être difficile pour la Balance, qui recherche la stabilité et l'engagement. De même, la Balance, avec son désir d'harmonie et son aversion pour le conflit, peut trouver difficile de gérer l'impulsivité et l'indépendance du Sagittaire.

FOUGUE ET PASSION

- Fougue

Ils sont un mélange harmonieux d'air et de feu, une combinaison qui brille par sa fougue et son énergie. La Balance, gouvernée par Vénus, l'astre de l'amour, apporte une douceur et une sensibilité qui tempère la nature ardente du Sagittaire, sous la tutelle de Jupiter, le géant du système solaire, symbole d'expansion et de générosité. Ces deux forces combinées créent une dynamique passionnante et enrichissante.

La Balance, aimant la beauté et le raffinement, est souvent charmée par le Sagittaire, ce dernier étant un signe de feu, il est, par nature, aventureux et plein de vie. Son tempérament audacieux et optimiste équilibre le côté parfois hésitant et indécis de la Balance. De même, la Balance apporte la stabilité dont le Sagittaire a besoin pour éviter les imprudences, typiques de son signe. Ce mélange de délicatesse et de force brûlante crée une synergie qui nourrit leur relation, leur permettant d'avancer ensemble tout en respectant leurs individualités.

- Passion

Lorsqu'il s'agit de passion, ils sont loin d'être en reste. Le Sagittaire est connu pour sa nature passionnée et enflammée, alors que la Balance, guidée par Vénus, est tout aussi passionnée, mais d'une manière plus subtile et romantique. Cette combinaison crée une passion mutuelle qui est à la fois douce et intense.

Le Sagittaire, avec sa curiosité insatiable, a tendance à chercher constamment de nouvelles expériences, ce qui peut mener à des moments de passion intense. La Balance, quant à elle, recherche la beauté et l'harmonie, elle a donc la capacité d'apprécier et de valoriser ces moments de passion tout en veillant à ce qu'ils ne dépassent pas les limites de l'équilibre et de la justice qu'elle chérit tant.

Leur passion commune peut également se manifester dans leur désir d'engagement envers les autres et la société. Le Sagittaire, avec son amour pour la liberté et son optimisme, est souvent prêt à se battre pour les causes qu'il juge justes. De même, la Balance, qui symbolise l'équilibre et la justice, ne recule devant rien pour aider ceux qui sont dans le besoin.

En conclusion, ils forment un couple qui se distingue par sa fougue et sa passion. Leur relation est un mélange d'énergie, d'amour, d'aventure et de quête de justice. C'est une danse délicate entre le feu et l'air, où chaque partenaire apporte à l'autre ce dont il a besoin pour s'épanouir.

INTIMITÉ PHYSIQUE

Lorsque leurs chemins se croisent, ils pourraient être surpris par le magnétisme qui émane de leur union. Bien qu'ils soient deux signes différents, l'un étant aérien et l'autre de feu, ils partagent une compatibilité remarquable, surtout sur le plan de l'intimité physique.

Leur attraction mutuelle est souvent immédiate. La Balance, gouvernée par Vénus, planète de l'amour et de la beauté, est dotée d'un charme naturel et d'une élégance qui captivent facilement le Sagittaire, intrépide et en quête d'aventure. Le Sagittaire, avec son côté passionné et enthousiaste, stimulera la Balance, qui apprécie la vivacité d'esprit et la spontanéité.

Dans l'intimité, ils se découvrent et se redécouvrent constamment, ce qui renforce leur lien. La Balance, avec son amour pour le raffinement et la beauté, apporte une touche d'élégance et de romantisme à leurs moments intimes. Le Sagittaire, d'autre part, apporte son énergie, sa fougue et sa soif de nouveauté, ce qui rend leur intimité toujours excitante et imprévisible.

La Balance, qui recherche l'équilibre et la paix, pourrait être perturbée par l'impulsivité du Sagittaire. Cependant, cet aspect pourrait également ajouter une étincelle à leur intimité, rendant chaque moment avec le Sagittaire une aventure excitante pour la Balance. De son côté, le Sagittaire pourrait être captivé par la grâce et le charme de la Balance, trouvant son désir de plaire et d'être admiré.

Il est important que le Sagittaire fasse preuve de tact et de considération, car la Balance a horreur du désordre et de la vulgarité. De même, la Balance doit comprendre que le Sagittaire valorise sa liberté et pourrait se sentir étouffé par une attention ou une adoration excessive.

Leur intimité physique est un mélange de passion, de romantisme, d'excitation et d'aventure. Ils doivent apprendre à naviguer dans leurs différences et à les accepter comme une partie enrichissante de leur relation, plutôt que comme un obstacle.

POSSESSION ET JALOUSIE

- Possession

Il est fascinant d'observer comment deux signes aussi différents que la Balance et le Sagittaire peuvent se croiser et interagir. Ces différences peuvent être exacerbées lorsqu'il s'agit de la notion de possession.

La Balance, gouvernée par Vénus, la planète de l'amour, possède une forte tendance à chercher l'harmonie et l'équilibre dans ses relations. Elle valorise le raffinement, l'élégance et le bon goût. Elle recherche un partenariat stable et équilibré où chaque partie se sent valorisée et aimée. Pour la Balance, posséder signifie avoir une relation sûre et équilibrée, où la beauté et l'harmonie règnent.

Le Sagittaire est gouverné par Jupiter, la planète de l'expansion et de la liberté. Sa vision de la possession est très différente. Le Sagittaire est un signe qui valorise sa liberté et son indépendance. Il est audacieux, aime l'aventure et les grands espaces, et déteste la routine. La possession pour un Sagittaire peut être perçue comme une entrave à sa liberté.

Ils peuvent donc rencontrer des défis quand il s'agit de concilier leurs visions respectives de la possession. La Balance pourrait avoir du mal à comprendre le besoin d'indépendance du Sagittaire, et ce dernier pourrait se sentir étouffé par les besoins de sécurité et de stabilité de la Balance. Cependant, avec de la patience, de la communication et de la compréhension, ils pourraient trouver un équilibre où chacun respecte les besoins de l'autre.

- Jalousie

La jalousie est un autre aspect fascinant à analyser dans la relation entre la Balance et le Sagittaire.

La Balance, qui valorise la beauté, le charme et l'harmonie, a un grand besoin d'être aimée, admirée, et désirée. Cela pourrait la rendre vulnérable à la jalousie, surtout si elle se sent menacée ou négligée. D'autre part, la Balance est aussi très sociable et appréciée, ce qui pourrait potentiellement éveiller la jalousie chez d'autres.

Le Sagittaire est un signe qui est souvent jaloux et compétitif, cherchant constamment à dépasser les autres. Cette impulsivité et cette soif de liberté pourraient le pousser à être infidèle, ce qui pourrait évidemment causer des problèmes de jalousie dans sa relation avec la Balance.

Ils pourraient donc avoir du mal à gérer les problèmes de jalousie dans leur relation. Cependant, si la Balance peut comprendre le besoin d'indépendance du Sagittaire, et si le Sagittaire peut apprécier l'importance que la Balance accorde à l'harmonie et à l'équilibre, ils pourraient apprendre à gérer la jalousie de manière plus saine.

FIDÉLITÉ

Quand ils entrent dans une relation, ils forment un duo complexe, dont le potentiel de fidélité est riche en nuances et en contrastes.

D'une part, la Balance, gouvernée par Vénus, la planète de l'amour et de l'union, possède un fort désir de stabilité et de compagnonnage. Elle recherche la beauté et l'harmonie dans ses relations et aspire à une union durable et officialisée. La Balance n'hésite pas à investir du temps et de l'énergie pour maintenir un équilibre dans sa relation. Son besoin d'être aimée, regardée, désirée, adorée et admirée peut cependant le pousser à chercher l'approbation et l'attention au-delà de son partenaire, ce qui peut parfois menacer la fidélité dans la relation.

D'autre part, le Sagittaire, sous la tutelle de Jupiter, la planète de la liberté et de l'expansion, est un signe fougueux et passionné, mais aussi un peu réticent à l'engagement. Le Sagittaire a une soif insatiable de liberté et d'exploration, ce qui peut parfois entrer en conflit avec son désir d'une relation profonde et durable. Sa nature instable et sa crainte de perdre sa liberté peuvent parfois le conduire à l'infidélité.

Lorsque ces deux signes se retrouvent ensemble, ils ont également le potentiel de créer un équilibre, car ils peuvent se compléter et apprendre l'un de l'autre. La Balance, avec son sens inné de la justice et de l'équité, peut aider le Sagittaire à comprendre l'importance de l'engagement et de la fidélité, tandis que le Sagittaire, avec son esprit libre et aventureux, peut aider la Balance à comprendre qu'il est possible d'aimer sans être constamment en quête d'approbation.

Néanmoins, le chemin de la fidélité pour eux n'est pas toujours facile. Ils doivent tous deux faire preuve de patience et de compréhension, et être prêts à faire des compromis pour maintenir l'équilibre. La Balance devra apprendre à gérer son besoin d'approbation et à canaliser son énergie vers la construction d'une relation stable avec le Sagittaire. De son côté, le Sagittaire devra apprendre à contrôler ses impulsions et à canaliser son désir de liberté de manière à ne pas nuire à la relation.

LIBERTÉ ET INDÉPENDANCE

- Liberté

La liberté est un thème central dans la relation entre la Balance et le Sagittaire. Étant tous deux des signes animés par un désir profond de liberté, ils peuvent se retrouver dans ce besoin partagé.

Le Sagittaire, sous l'influence de Jupiter, la planète de l'indépendance et de la liberté, est naturellement attiré par l'aventure et les voyages lointains. Il a tendance à être dynamique, courageux et imprudent, cherchant constamment à élargir ses horizons. Ce besoin d'explorer et de découvrir peut parfois le conduire à l'instabilité, ne finissant pas ce qu'il a commencé et changeant constamment de direction.

La Balance, signe d'air, est également connue pour sa légèreté et sa créativité, ce qui se traduit par un désir de liberté. La Balance est gouvernée par Vénus, la planète de l'amour et de la beauté, ce qui lui confère une certaine élégance et un goût pour le raffinement. Elle cherche l'équilibre et la justice et souhaite transmettre ces valeurs aux autres.

Dans leur relation, leur quête commune de liberté peut les rapprocher. Ils sont susceptibles de respecter mutuellement leur besoin d'espace et d'indépendance. Cependant, l'instabilité du Sagittaire peut parfois déstabiliser la Balance qui recherche l'équilibre. De même, le besoin de la Balance pour l'harmonie et l'équité peut parfois entrer en conflit avec le désir d'indépendance et l'imprudence du Sagittaire.

- Indépendance

L'indépendance est une autre valeur clé pour la Balance et le Sagittaire. Ils apprécient tous deux leur autonomie et cherchent à maintenir une certaine distance dans leurs relations.

Le Sagittaire est un signe de feu, audacieux et aventureux, toujours à la recherche de nouvelles expériences. Sa planète gouvernante, Jupiter, est la planète de l'expansion, l'incitant à prendre des risques et à explorer de nouvelles avenues. Cela peut parfois conduire à un manque de stabilité, car le Sagittaire est constamment en mouvement.

La Balance, en revanche, recherche l'équilibre et la paix. Elle est naturellement sociable et apprécie la vie sociale, mais elle a également un fort sens de l'indépendance. Elle ne tolère pas le désordre et cherche à maintenir une certaine distance dans ses relations.

Dans une relation, ils peuvent tous deux apprécier leur indépendance et respecter celle de l'autre. Ils devront travailler pour trouver un équilibre entre leur besoin d'indépendance et leur désir de connexion. Le Sagittaire peut parfois se sentir étouffé par le besoin de la Balance pour l'équilibre et l'harmonie, tandis que la Balance peut se sentir insécurisée face à l'imprévisibilité et à l'instabilité du Sagittaire.

MARIAGE

Lorsqu'ils se marient, ils fusionnent pour créer un univers rempli de romance, d'aventure, de sociabilité et de quête de vérité. Les traits qui caractérisent ces deux signes peuvent sembler contradictoires à première vue, mais ils ont la capacité de se compléter et de s'enrichir mutuellement.

La Balance, gouvernée par Vénus, apporte le raffinement, la douceur et une forte appréciation de l'art et de la beauté, qui peuvent être très attrayants pour le Sagittaire, grand voyageur et explorateur, attiré par diverses cultures et formes d'expression. Le Sagittaire inspire la Balance à sortir de sa zone de confort et à explorer de nouveaux horizons.

Cependant, leur mariage ne sera pas sans défis. La Balance, aimant la stabilité et la cohérence, pourrait trouver le Sagittaire imprévisible et inconstant. Le Sagittaire, avec son esprit libre et indépendant, pourrait se sentir restreint par la quête d'harmonie et de paix de la Balance. Ils devront donc apprendre à accepter et à respecter les différences de l'autre.

En termes de communication, ils sont généralement très ouverts et honnêtes l'un envers l'autre. Le Sagittaire, avec sa sincérité directe, peut parfois manquer de tact, ce qui peut blesser la Balance qui a une nature plus délicate. De son côté, la Balance, avec son désir de paix et d'harmonie, peut parfois éviter les conflits, ce qui pourrait frustrer le Sagittaire qui apprécie une discussion franche et ouverte.

Au sein du mariage, ils devront apprendre à équilibrer leurs différences. La Balance devra comprendre le besoin d'indépendance et de liberté du Sagittaire, et le Sagittaire devra apprendre à apprécier le besoin de stabilité et d'harmonie de la Balance. Malgré ces défis, leur mariage peut être enrichissant et épanouissant s'ils sont capables de se comprendre et de se respecter mutuellement.

Leur mariage est un mélange de passion, d'exploration, de stabilité et d'harmonie. Avec suffisamment de respect mutuel et de compréhension, ils peuvent créer un mariage durable et épanouissant qui transcende leurs différences et célèbre leurs points communs. Ils sont capables de créer une relation profondément romantique et aventurière qui est constamment équilibrée entre l'exploration et la stabilité, la passion et la paix.

RUPTURE, DIVORCE, RECONSTRUCTION

- Rupture

Ils semblaient promis à un futur radieux. La Balance, avec son amour pour l'harmonie et l'équilibre, semblait être la partenaire idéale pour le Sagittaire, dont l'optimisme et l'amour pour l'aventure étaient sans bornes. Mais comme dans toute relation, l'harmonie initiale peut parfois céder la place à des tensions et des conflits.

La Balance, signe d'air, cherchait constamment la beauté et le raffinement. Elle aimait les choses bien ordonnées et évitait à tout prix le désordre. Elle mettait un point d'honneur à maintenir un équilibre dans tous les aspects de sa vie, y compris sa relation. Le Sagittaire, en revanche, poussé par Jupiter, la planète de l'expansion, avait une nature plus imprévisible. Il avait tendance à faire des excès et cherchait constamment de nouvelles aventures.

Ces deux natures ont fini par s'opposer. La Balance, qui cherchait la stabilité et l'harmonie, a commencé à se sentir négligée et insatisfaite face à l'imprévisibilité du Sagittaire. De son côté, le Sagittaire a commencé à se sentir étouffé par les besoins de la Balance et a commencé à chercher l'aventure ailleurs. La rupture était alors inévitable.

- Divorce

Le divorce n'a pas été facile. La Balance, gouvernée par Vénus, la planète de l'amour, a été particulièrement touchée. Elle avait besoin d'admiration et d'adoration, et la fin de la relation a laissé un grand vide dans sa vie. Le Sagittaire, avec son besoin d'indépendance, a également eu du mal à accepter la fin de la relation. Il s'est senti trahi et blessé par la Balance.

Le processus de divorce a été compliqué par le besoin de la Balance de peser constamment le pour et le contre, ce qui l'a rendue indécise et a rendu les négociations difficiles. Le Sagittaire a pu faire preuve d'imprudence et d'impulsivité, agissant sans réfléchir et risquant d'aggraver la situation.

- Reconstruction

La reconstruction après le divorce a été un long processus pour la Balance et le Sagittaire. La Balance, avec son sens aigu de la beauté et du raffinement, a dû travailler sur elle-même pour retrouver son équilibre. Elle a dû apprendre à être seule et à ne pas dépendre de l'admiration des autres pour se sentir valorisée.

Le Sagittaire, en revanche, a utilisé cette période pour explorer de nouvelles aventures. Avec Jupiter comme guide, il a cherché à élargir ses horizons et à découvrir de nouvelles cultures et de nouvelles idées. Mais il a aussi dû faire face à son impulsivité et à son manque de stabilité, qui étaient à l'origine de nombreuses difficultés dans sa relation avec la Balance.

≈

CHAPITRE 11

Balance - Capricorne

DESCRIPTION DU SIGNE DU CAPRICORNE

Signe de terre et cardinal : il est réaliste, énergique, utilise son intelligence, sa volonté, sa vivacité d'esprit. Saturne représente le temps, la stabilité, la persévérance, la concentration, la durée, l'aîné, le sage, le mari, le père. Il permet de surmonter les obstacles et garde l'esprit clair et froid quelque soit la situation, ce qui le fait progresser vers le résultat recherché. Il prend le temps qu'il faut mais il parvient à réaliser les projets dictés par son ambition. Son ascension sera lente. Il aime la solitude, a peu d'amis, se concentre sur sa réalisation sociale, fait preuve de maturité, d'organisation, de persévérance. Il est seul au sommet, froid, calculateur, efficace, intransigeant, méfiant. Il est attaché à la sécurité matérielle, il ne manquera de rien, il fait des réserves de tout. Personnalité pratique, matérialiste, méthodique, sage, prudente, sévère, peu imaginative. Il est entier, stratège, organisé, astucieux, consciencieux, économe. Il a une composante d'EAU avec sa queue qui va dévoiler des émotions, sentiments profonds. Elle provoque une tendance à la déception, des difficultés à s'extérioriser, à s'adapter. Il est trop méfiant, austère même radin autant en sentiments qu'en argent.

LE CAPRICORNE ET L'AMOUR

Le Capricorne est un signe astrologique caractérisé par une personnalité introvertie, dont le comportement semble parfois être gouverné par la timidité et la réserve. Une certaine complexité se dégage de lui, ce qui peut le rendre mystérieux aux yeux des autres. Cette complexité est parfois liée à sa tendance à s'enfermer en lui-même, nourrie par une crainte d'échouer et une difficulté à exprimer ouvertement ses sentiments.

Exigeant, parfois critique, le Capricorne n'est pas du genre à céder facilement à l'emportement sentimental. Sa manière d'aimer est généralement fondée sur une base intellectuelle, voire professionnelle. Il recherche la connexion mentale avant le lien émotionnel. C'est une personne qui est aimable, joviale et insatiable, affichant un enthousiasme marqué pour ceux qui lui accordent du respect, de la gentillesse et de l'attention.

Loyal, responsable et sérieux, le Capricorne est un partenaire sur qui l'on peut compter. Son amour est profond, passionné, sensuel et tendre. Néanmoins, ce torrent d'amour n'est généralement révélé qu'à la personne qui a su toucher son cœur et surmonter ses défenses. Son amour est authentique et sincère, témoignant de la profondeur de ses sentiments.

Il convient de se méfier de certaines de ses caractéristiques. Le Capricorne peut se montrer possessif, exclusif et jaloux. Il s'agit d'un signe gouverné par Saturne, symbolisant la stabilité et la durée, des facteurs primordiaux dans ses relations. Pour lui, une relation durable et stable est plus importante que toute autre chose.

Son foyer est une représentation directe de lui-même : confortable, cossu, un endroit où il aime se réfugier. En tant que signe de terre, il accorde une grande importance à son espace personnel. Casanier de nature, il apprécie les moments de solitude et de calme chez lui.

Les autres signes de terre et d'eau sont souvent considérés comme les meilleurs partenaires pour le Capricorne. Ces signes partagent souvent sa vision de l'amour et de la relation, offrant la stabilité et la profondeur émotionnelle que le Capricorne recherche. En fin de compte, l'amour pour le Capricorne est une affaire sérieuse, impliquant une dévotion et un engagement profond.

LA RENCONTRE ENTRE UNE BALANCE ET UN CAPRICORNE

Quand ils se rencontrent pour la première fois, le contraste entre ces deux signes est frappant. La Balance, régie par Vénus, déborde de charme et de sociabilité, tandis que le Capricorne, sous l'influence de Saturne, est plus réservé et méthodique. Leur interaction initiale peut sembler quelque peu déroutante, mais il y a une attraction sous-jacente qui ne peut être ignorée.

La Balance est attirée par l'air de mystère du Capricorne, sa nature réservée et son sérieux apparent. Elle se sent intriguée par ce partenaire potentiel qui semble si différent d'elle. Le Capricorne, de son côté, est séduit par le charme irrésistible de la Balance, son esprit vif et son approche sociable de la vie. Il admire sa capacité à équilibrer les divers aspects de la vie et à transmettre la paix et l'harmonie à tous ceux qui l'entourent.

La Balance, en tant que signe d'air, apporte une légèreté et une créativité qui peuvent enchanter et fasciner le Capricorne. Elle peut aider ce signe de terre à sortir de sa coquille, à apprécier la beauté de l'instant présent et à embrasser des expériences sociales plus enrichissantes. Le Capricorne, en revanche, peut aider la Balance à gagner en stabilité et à maintenir un focus solide sur les objectifs à long terme. Sa nature persévérante et sa forte ambition peuvent inspirer la Balance à rester concentrée sur ses propres objectifs.

Ils peuvent faire face à des défis. La Balance est connue pour son indécision et peut parfois être frustrée par le pragmatisme et la détermination du Capricorne. Le Capricorne peut être déconcerté par le besoin constant d'interaction sociale et par son désir de plaire aux autres.

En matière d'amour, la Balance, gouvernée par Vénus, la planète de l'amour, est une grande romantique qui cherche à être aimée et admirée. Le Capricorne, bien qu'initialement réservé et renfermé, peut offrir un amour profond et sincère une fois qu'il s'ouvre. Cela peut demander du temps et de la patience, car le Capricorne est souvent méfiant et prudent. Il faudra donc à la Balance faire preuve de patience et de persévérance pour gagner le cœur du Capricorne.

Malgré leurs différences apparentes, ils ont beaucoup à offrir l'un à l'autre. La Balance peut apporter de la lumière et de la joie dans la vie du Capricorne, tandis que le Capricorne peut offrir à la Balance la stabilité et la structure dont elle a besoin.

ROMANCE, PLAISIRS, SÉDUCTION

La Balance, gouvernée par Vénus, la planète de l'amour et de la beauté, est charmeuse, romantique et très sociable. Le Capricorne, sous la gouverne de Saturne, est réservé, pratique, et un peu plus froid en comparaison. Mais quand ils interagissent, ces différences peuvent se compléter, créant une dynamique fascinante et attrayante.

La Balance attire souvent le Capricorne avec son charme, sa vivacité d'esprit, et sa préférence pour la beauté et le raffinement. Leur tendance à chercher l'équilibre et l'harmonie peut apporter une certaine douceur au Capricorne, qui peut parfois être trop concentré sur les aspects pratiques de la vie. La Balance, avec son aversion pour la solitude, trouvera en le Capricorne un partenaire solide et stable, même s'il peut parfois sembler distant ou réservé.

Le Capricorne peut être attiré par la légèreté et la créativité de la Balance. Leur nature pratique et organisée, combinée à leur sens de la responsabilité et du devoir, peut offrir une sécurité et une stabilité que la Balance apprécie. De plus, la capacité du Capricorne à surmonter les obstacles et à rester concentré peut aider la Balance à surmonter son indécision naturelle.

Au niveau de la séduction, il y a une certaine dynamique de jeu de pouvoir. La Balance, avec son désir d'être aimée et admirée, peut chercher à plaire au Capricorne de toutes les manières possibles. Le Capricorne, bien que réservé et peu enclin à montrer ses sentiments, peut trouver cela séduisant. Leur tendance à la loyauté et au sérieux peut également rassurer la Balance, qui peut parfois craindre le rejet ou l'abandon.

Dans leur quête de plaire à l'autre, ils doivent faire attention. La Balance, dans son désir d'être aimée, peut parfois attirer la jalousie du Capricorne, qui est naturellement possessif et exclusif. Le Capricorne doit faire attention à ne pas devenir trop austère ou radin, car la Balance a besoin d'affection et d'admiration pour se sentir épanouie.

AFFINITÉS, RELATIONS AMOUREUSES

- Affinités

Lorsque la Balance et le Capricorne, signes astrologiques opposés, se rencontrent, ils peuvent créer une relation intéressante et stimulante. Ils sont régis par des éléments fondamentalement différents, l'Air pour la Balance et la Terre pour le Capricorne, et pourtant, ces différences peuvent aussi être la source d'un enrichissement mutuel.

La Balance, gouvernée par Vénus, est un signe sociable, élégant et charmant qui apporte douceur et harmonie dans ses relations. Elle est créative, délicate et toujours à la recherche de l'équilibre, aussi bien en elle-même qu'avec les autres. D'autre part, le Capricorne, sous l'influence de Saturne, est un signe de pragmatisme, de persévérance et de structure. Il est ambitieux et sérieux, et il est connu pour sa capacité à surmonter les obstacles avec une détermination implacable.

Ces différences, loin de les séparer, peuvent en fait les aider à se compléter. La Balance peut adoucir la rigueur du Capricorne avec sa grâce et son charme, lui enseignant la beauté de la légèreté et de la spontanéité. D'autre part, le Capricorne peut apporter à la Balance la stabilité et la sécurité dont elle a besoin, lui montrant qu'il est parfois nécessaire d'être pragmatique et déterminé pour atteindre ses objectifs.

- Relations Amoureuses

Dans une relation amoureuse, ces différences peuvent se manifester de manière encore plus évidente. La Balance, étant un signe d'air, peut parfois avoir du mal à comprendre le sérieux et la rigueur du Capricorne. Le Capricorne peut parfois se sentir dérouté par le besoin de la Balance de constamment chercher l'harmonie et l'équilibre.

La clé de leur relation réside dans leur capacité à accepter et à apprécier leurs différences. La Balance peut apporter de la romance et de la douceur dans la vie du Capricorne, lui montrant que la vie n'est pas seulement une question de travail et de réalisation de soi, mais aussi de plaisir et d'appréciation de la beauté. Le Capricorne peut offrir à la Balance la stabilité et la sécurité dont elle a besoin, lui montrant que l'amour n'est pas seulement une question de sentiments, mais aussi de dévouement et de loyauté.

La Balance, avec son sens de la justice et son désir de créer de l'harmonie, peut aider le Capricorne à être plus ouvert et à exprimer ses sentiments de manière plus libre, ce qui est souvent un défi pour ce signe de terre. En retour, le Capricorne peut aider la Balance à être plus déterminée et à prendre des décisions plus facilement, ce qui peut parfois être difficile pour ce signe d'air qui a tendance à être indécis.

FOUGUE ET PASSION

- Fougue

La Balance brille par son charme, sa sociabilité et sa vivacité d'esprit. Le Capricorne est quant à lui réaliste, méthodique et persévérant. C'est dans cette différence que réside leur fougue.

La Balance est connue pour sa légèreté et sa créativité, et cette fougue peut éveiller chez le Capricorne une fascination et un désir de se détourner de sa nature pragmatique et rigide. Le Capricorne peut apporter à la Balance une certaine stabilité et un ancrage dans la réalité qui peut tempérer son caractère parfois indécis et hésitant. Ils pourraient s'inspirer l'un de l'autre, la Balance apportant la spontanéité et le Capricorne apportant la constance.

Leur fougue peut également provoquer des tensions. La Balance pourrait se sentir étouffée par le sérieux et la prudence du Capricorne, tandis que le Capricorne pourrait être déconcerté par l'insouciance et la sociabilité de la Balance. Mais, avec le temps et la patience, ils peuvent apprendre à apprécier ces différences et à les utiliser pour enrichir leur relation.

- Passion

La passion peut être profonde et durable. La Balance, avec son amour pour la beauté et son désir d'harmonie, peut faire ressortir une sensibilité cachée chez le Capricorne. Ce dernier, bien que réservé et pragmatique, est capable d'un amour profond et passionné une fois qu'il s'ouvre.

La Balance, qui recherche l'amour et l'admiration, pourrait être charmée par la loyauté et la responsabilité du Capricorne. Le Capricorne, qui valorise la stabilité, pourrait être attiré par la quête constante de la Balance pour l'équilibre et la justice. Ensemble, ils peuvent construire une relation basée sur le respect mutuel et une passion qui se nourrit de leur engagement l'un envers l'autre.

La Balance, qui a horreur de la solitude, pourrait se sentir négligée par le Capricorne qui apprécie son temps seul. Le Capricorne, de son côté, pourrait se sentir menacé par le besoin de la Balance de plaire aux autres. Pourtant, avec une communication ouverte et une compréhension mutuelle, ils peuvent surmonter ces obstacles et laisser leur passion s'épanouir.

INTIMITÉ PHYSIQUE

Dans l'intimité, ils peuvent paraître comme deux mondes opposés. La Balance, gouvernée par Vénus, est empreinte de romantisme et de séduction. Elle charme par sa douceur et son sens de l'esthétique. Le Capricorne, sous l'influence de Saturne, est plus réservé et a parfois du mal à exprimer ses sentiments. Il pourrait apparaître comme austère ou méfiant, surtout en comparaison avec la Balance, plus ouverte et communicative.

Pour autant, ils ne sont pas incompatibles. L'attirance physique peut être très forte. Ils ont tous les deux une certaine élégance et une appréciation du raffinement qui peut les amener à partager des moments d'intimité très profonds. L'aspect sensuel et romantique de la Balance peut aider le Capricorne à s'ouvrir et à exprimer ses sentiments plus librement.

La Balance, qui déteste la solitude, pourrait être déconcertée par le Capricorne qui, lui, apprécie ses moments de calme et de solitude. Le Capricorne devra faire preuve de patience et de compréhension face à ce besoin d'affection et d'attention constant de la Balance.

Dans une relation intime, le Capricorne, timide et réservé, peut se sentir mal à l'aise face à la spontanéité de la Balance. Mais la Balance, avec sa diplomatie naturelle, saura rassurer le Capricorne et l'aider à surmonter ses inhibitions. Et le Capricorne, par son sérieux et sa stabilité, peut offrir à la Balance la sécurité qu'elle recherche.

Le Capricorne, signe de terre, est sensuel et apprécie le contact physique. Il peut ainsi être surpris par le romantisme de la Balance et sa quête de perfection esthétique. Mais, avec le temps, il pourrait apprécier cette touche de beauté et de raffinement qui apporte une nouvelle dimension à leur intimité.

Malgré leurs différences apparentes, ils peuvent créer une belle harmonie. La Balance apporte la passion et l'envie de plaire, le Capricorne apporte la profondeur et la sincérité. Avec patience et compréhension, ils peuvent s'apporter mutuellement un équilibre et une complémentarité enrichissante dans leur intimité.

POSSESSION ET JALOUSIE

- Possession

Le Capricorne, gouverné par Saturne, est particulièrement attaché à la sécurité et à la stabilité, ce qui peut conduire à un désir de possession plus prononcé. Le besoin de sécurité du Capricorne peut le pousser à vouloir posséder, non pas par un caprice de domination, mais par un besoin de garantie, de certitude. Ce signe veut savoir que son partenaire est là pour lui, stable et constant, à l'image de la terre qu'il représente.

La Balance, influencée par Vénus, la planète de l'amour, apprécie l'harmonie et le partage. Elle a besoin d'être admirée, adorée, et cela peut se traduire par un besoin de possession, mais d'une nature différente de celle du Capricorne. Pour la Balance, posséder signifie aussi être possédé, dans une danse d'amour et d'admiration mutuelle.

Ils peuvent donc se trouver dans une danse délicate de possession, où chacun cherche à sécuriser son espace et son partenaire dans sa propre manière. Si cette danse est bien orchestrée, cela peut créer une relation profonde et enrichissante. Si l'équilibre est rompu, cela peut mener à un sentiment d'étouffement ou d'emprisonnement.

- Jalousie

La jalousie est un autre aspect de leur relation qui nécessite une attention particulière. Le besoin d'admiration de la Balance et le désir de sécurité du Capricorne peuvent se transformer en jalousie si la confiance n'est pas solidement établie entre eux.

La Balance, avec son grand pouvoir de séduction peut attirer l'attention de nombreux admirateurs. Le Capricorne, avec sa nature méfiante, pourrait voir cela comme une menace à la stabilité qu'il chérit tant. La jalousie pourrait alors surgir, non pas de l'infidélité, mais de l'incompréhension mutuelle de leurs besoins respectifs.

Inversement, la Balance pourrait être jalouse de l'indépendance et de l'autosuffisance du Capricorne. La Balance, qui a horreur de la solitude, pourrait se sentir exclue ou délaissée si le Capricorne se replie dans sa carapace, comme il a tendance à le faire lorsqu'il est stressé ou préoccupé.

Pour que leur relation soit équilibrée et heureuse, ils devront tous deux comprendre et respecter les besoins et les désirs de l'autre. La Balance devra apprendre que le besoin d'indépendance du Capricorne n'est pas un rejet, tout comme le Capricorne devra comprendre que le besoin d'admiration de la Balance n'est pas une menace.

FIDÉLITÉ

Fidélité - un mot qui prend une signification particulière lorsque l'on se penche sur la relation entre la Balance et le Capricorne. Malgré leurs différences, ils peuvent s'engager dans un engagement mutuel de loyauté et de dévouement.

La Balance est intrinsèquement romantique et cherche souvent à officialiser ses relations. Le natif de ce signe désire être aimé, admiré, et a une horreur de la solitude. Pour eux, l'amour est souvent une affaire de charme et de séduction, un ballet subtil d'attirance et de désir. La fidélité est enracinée dans leur besoin d'équilibre et d'harmonie, d'être dans une relation qui leur offre sécurité et amour.

Le Capricorne est un signe de terre qui valorise le temps, la stabilité et la persévérance. Pour eux, la fidélité est souvent une question de responsabilité et de sérieux, d'engagement envers un partenaire qui a réussi à toucher leur cœur. Le Capricorne est loyal, offrant un amour profond, passionné et sincère à celui qui peut briser ses défenses.

Il est important de noter que leur différence peut être leur force dans le contexte de la fidélité. La Balance, avec sa sociabilité et son désir d'harmonie, peut apporter de la chaleur et de la passion à la relation. Le Capricorne, avec son pragmatisme et sa stabilité, peut fournir une fondation solide pour la relation. Ensemble, ils peuvent construire une relation durable et fidèle.

La Balance, avec son besoin d'admiration et de désir, peut être perçue comme narcissique par le Capricorne, qui a tendance à être méfiant et réservé. Le Capricorne, avec sa tendance à la réserve et à la méfiance, peut sembler froid et distant à la Balance, qui cherche constamment à plaire.

Malgré ces défis, ils ont la capacité de trouver un équilibre. La Balance peut apprendre à apprécier la stabilité et la constance du Capricorne, tandis que le Capricorne peut apprendre à apprécier l'harmonie et la sociabilité de la Balance. En acceptant et en valorisant leurs différences, ils peuvent créer une relation durable basée sur la fidélité.

LIBERTÉ ET INDÉPENDANCE

- Liberté

Le concept de liberté est complexe et fascinant. Tandis que la Balance, avec son affinité pour la sociabilité et son désir d'harmonie, peut sembler vouloir se fondre dans les relations sociales, elle est aussi profondément attachée à l'idée de justice, d'équilibre et de liberté personnelle. Le Capricorne, avec son penchant pour la solitude et son désir d'indépendance, peut apparaître comme celui qui aspire à plus de liberté. Pourtant, son aspiration à la sécurité matérielle et à la stabilité peut souvent le rendre plus dépendant des structures sociales et économiques.

Ils trouvent souvent un terrain d'entente dans leur engagement commun envers la loyauté et l'intégrité. Ils peuvent se retrouver en désaccord sur la définition de la liberté. Pour la Balance, la liberté pourrait signifier le droit de flotter librement d'une interaction sociale à l'autre, de créer des connexions, d'expérimenter l'harmonie dans un cadre de relations diverses et variées. Pour le Capricorne, la liberté peut signifier avoir suffisamment d'espace pour se concentrer sur la réalisation de ses ambitions, sans être entravé par les exigences sociales ou émotionnelles.

- Indépendance

L'indépendance, un autre concept clé dans leur relation, est également interprété différemment par ces deux signes. Le Capricorne valorise l'autonomie et la maîtrise de soi. Il peut donc sembler plus indépendant, car il est souvent plus axé sur la réalisation de ses propres objectifs et moins concerné par le besoin d'approbation ou de validation sociale.

La Balance a tendance à chercher l'harmonie et l'équilibre dans ses relations. Bien qu'elle puisse sembler dépendante des autres pour son bien-être émotionnel, elle a aussi une forte capacité à naviguer de manière indépendante dans le monde social. Sa vivacité d'esprit et sa diplomatie lui permettent de manoeuvrer habilement dans le tissu complexe des interactions humaines.

Alors, même si le Capricorne peut sembler plus indépendant au premier abord, la Balance a aussi sa propre forme d'indépendance.

MARIAGE

Le mariage est un mélange fascinant de différences et de similitudes. Ils apportent des qualités complémentaires à la relation, ce qui la rend souvent dynamique et équilibrée. Cependant, leur mariage est également une union des contraires, car ils sont régis par des planètes opposées - Vénus pour la Balance et Saturne pour le Capricorne.

La Balance, avec son amour de la beauté et de l'harmonie, et son désir d'équilibre, apporte un sens du raffinement et de la sophistication au mariage. Elle a une approche romantique et douce de l'amour, cherchant à plaire et à être aimée. Dans le mariage, elle offre des conseils et des connaissances, s'efforçant de maintenir la paix et la justice.

Le Capricorne, régi par Saturne, la planète de la discipline et de la structure, apporte de la stabilité et de la persévérance dans le mariage. Il est plus terre-à-terre et réaliste, prenant le temps nécessaire pour réaliser ses ambitions. Il a tendance à être réservé et méfiant, mais aussi profondément loyal et responsable.

Ils ont tous deux un sens de la sociabilité, bien que le Capricorne soit plus introverti et préfère la compagnie de quelques amis proches. Leur maison commune sera probablement un mélange de raffinement, grâce à la Balance, et de confort, grâce au Capricorne. Ils partagent également une préférence pour le bon goût et l'ordre.

Dans leur relation, ils peuvent faire face à quelques défis. La Balance, gouvernée par l'air, peut parfois trouver le Capricorne trop rigide ou trop sérieux. Le Capricorne peut être frustré par l'indécision de la Balance et son besoin constant d'équilibre.

La Balance peut aider le Capricorne à être plus ouvert et sociable, tandis que le Capricorne peut enseigner à la Balance l'importance de la discipline et de la persévérance. Ils peuvent ainsi trouver un équilibre entre leurs besoins respectifs de liberté et de stabilité.

La Balance apportera l'amour, la beauté et la sociabilité, tandis que le Capricorne apportera stabilité, ambition et persévérance. Ensemble, ils peuvent créer un mariage qui est à la fois romantique et réaliste, plein de passion et de dévouement.

RUPTURE, DIVORCE, RECONSTRUCTION

• Rupture

La rupture peut être une expérience complexe, marquée par des malentendus profonds et un éventail d'émotions contradictoires. Le Capricorne est connu pour sa nature réaliste et méthodique, tandis que la Balance est plus sociable et désireuse de plaire. Lorsqu'ils se heurtent à des problèmes, leurs différentes approches de la résolution des conflits peuvent devenir évidentes.

La Balance est naturellement charmeuse et sociable. Dans la tourmente d'une rupture, la Balance pourrait chercher du soutien dans son cercle social, ce qui pourrait mener à des malentendus ou à des tensions avec le Capricorne. Le Capricorne est plus introverti et méfiant. Il pourrait se replier sur lui-même, choisissant de faire face à ses problèmes seul.

La tendance de la Balance à l'indécision pourrait créer des frustrations supplémentaires. Le Capricorne pourrait interpréter cette indécision comme une insincérité ou un manque de volonté à résoudre les problèmes. La Balance pourrait percevoir la nature réservée et silencieuse du Capricorne comme de l'indifférence ou du rejet.

- Divorce

Un divorce pourrait mettre en évidence leurs différences fondamentales. La Balance, qui aspire à l'harmonie et à la justice, pourrait chercher une séparation amicale et équitable. Le Capricorne pourrait voir les choses différemment. Saturne, le gardien de la stabilité et du temps, gouverne le Capricorne. Le Capricorne pourrait donc avoir du mal à accepter la fin de la relation, en particulier s'il s'agit d'un engagement à long terme.

La Balance, qui a horreur de la solitude, pourrait chercher à se rapprocher rapidement de son cercle social après la séparation, tandis que le Capricorne pourrait choisir de passer plus de temps seul, à réfléchir et à se ressourcer. Ces comportements divergents pourraient créer des tensions supplémentaires, en particulier si la Balance interprète le retrait du Capricorne comme un signe de rancune ou d'amertume.

- Reconstruction

Après une rupture ou un divorce, ils pourraient choisir des voies différentes pour se reconstruire. La Balance, avec sa vivacité d'esprit et sa nature sociable, pourrait chercher du réconfort et du soutien dans ses amitiés et ses activités sociales. Le Capricorne, cependant, pourrait se concentrer davantage sur sa réalisation personnelle et professionnelle, en utilisant la solitude pour se ressourcer et se recentrer.

∿

CHAPITRE 12
Balance - Verseau

DESCRIPTION DU SIGNE DU VERSEAU

Le Verseau est gouverné par Uranus et Saturne qui sont deux planètes incompatibles. Uranus va rompre la stabilité, l'organisation, la planification de Saturne.

Son symbole d'eau, représenté par le porteur illustre des vagues soulevées par l'air ou le vent. Uranus, planète du changement, de l'indépendance, du progrès, de la créativité, du magnétisme, de l'inventivité, de l'innovation, de l'originalité en fait un excentrique, un inventeur, un humaniste. Saturne va apporter au Verseau des compétences intellectuelles dans les domaines scientifiques, technologiques. Il apporte la sociabilité en gardant leur individualité. Signe d'air, il symbolise son développement intellectuel grâce à sa communication. L'air lui donne la sociabilité, l'effervescence, la vivacité d'esprit, il se lie facilement d'amitié. Il fait preuve de générosité et de bienveillance envers les autres, il se distingue par son audace. Il est idéaliste, inventif, optimiste, rêveur, curieux, libre, indépendant, intelligent, spirituel, attiré par la nouveauté, la connaissance, la découverte

Trop franc, il peut manquer de tact surtout du fait qu'il voit plus loin que certains, il est en avance sur son temps. Il est susceptible, imprévisible, intolérant, impétueux, turbulent, lunatique quand il est contraint.

155

LE VERSEAU ET L'AMOUR

Le Verseau est un signe du zodiaque qui entretient un rapport très particulier avec l'amour. Son indépendance naturelle est le fil conducteur de ses relations. C'est un être autonome et sûr de lui, qui ne cesse de chercher un partenaire qui soit aussi cultivé et éclairé que lui. Il ne se sentira bien que dans une relation où il peut continuer à jouir de sa liberté et de son indépendance sans contraintes.

Le partenaire idéal du Verseau doit comprendre et accepter sa quête inlassable de créativité. Comme le Verseau est lui-même un signe d'air, il est plus enclin à trouver une harmonie avec quelqu'un qui partage cette même élémentaire légèreté et adaptabilité. Il est enraciné dans la réalité, malgré son penchant pour l'abstrait et le conceptuel.

Le Verseau est doué d'un grand charisme, d'une volubilité impressionnante et d'un sens de la sociabilité aigu. S'il y a une affinité véritable, il est capable de tisser des liens forts très rapidement. En matière d'amour, tout comme en amitié, le Verseau est un signe profondément fidèle et sincère.

Cependant, son sérieux dans une relation amoureuse dépend grandement de la présence d'une certaine fantaisie, de nouveauté et d'originalité. Le Verseau aspire à une vie qui sort de l'ordinaire. S'il sent que la relation est en train de s'étioler et de tomber dans la routine, il ne tardera pas à reprendre sa liberté. Ce signe a une nature versatile et les changements, parfois rapides et soudains, peuvent conduire à la rupture.

Il est important de noter que le Verseau est capable de passer rapidement à autre chose sans regret ni remords. Pour lui, il n'y a aucune raison de rester coincé dans une situation qui ne le satisfait pas. Par ailleurs, le mariage ne fait pas partie de ses priorités. Il ne voit pas l'intérêt de cette formalité tant que sa vie de couple lui permet de s'épanouir et de respirer. Pour le Verseau, l'épanouissement personnel et la liberté sont bien plus importants que toute convention sociale.

LA RENCONTRE ENTRE UNE BALANCE ET UN VERSEAU

La rencontre est celle d'un charme irrésistible et d'une originalité débordante. Ces deux signes, régis par l'air, sont naturellement attirés l'un par l'autre, non seulement par leur sociabilité commune, mais aussi par leur capacité à communiquer et à comprendre l'autre.

La Balance, charmante et éprise d'harmonie, est attirée par l'indépendance et la créativité du Verseau. L'esprit vif et la curiosité insatiable du Verseau captivent la Balance qui, avec son sens inné de la beauté, apprécie l'originalité et la vivacité d'esprit de son partenaire.

Le Verseau, quant à lui, est séduit par l'élégance et le raffinement de la Balance. Leur passion commune pour la sociabilité renforce leur lien. Ils apprécient tous deux la bonne compagnie, les discussions enrichissantes et les échanges intellectuels. Cela leur permet de développer une complicité et une entente profondes. La Balance, avec sa nature diplomatique, saura apaiser les tensions et les susceptibilités du Verseau.

Ils ne sont pas sans défauts et leur relation ne sera pas sans défis. La Balance, avec sa propension à l'indécision et son désir de plaire, peut parfois se sentir déstabilisée par l'impulsivité et l'indépendance du Verseau. Ce dernier peut être un peu trop imprévisible pour la Balance, qui recherche l'équilibre et la stabilité.

En amour, ils doivent tous deux faire des compromis pour maintenir l'harmonie. La Balance, qui a besoin d'admiration et de désir, peut trouver dans le Verseau un partenaire fidèle et sincère, mais qui demande également son espace et son indépendance. Le Verseau, pour sa part, apprécie la fidélité et la sincérité de la Balance, mais doit respecter le besoin de la Balance d'être aimée et admirée.

Cependant, la clé de la réussite de leur relation réside dans leur capacité à comprendre et à accepter les différences de l'autre. Le Verseau doit apprécier le besoin de la Balance pour l'équilibre et la beauté, tandis que la Balance doit comprendre le désir d'indépendance et de créativité du Verseau.

Ils ont tous deux la capacité de s'enrichir mutuellement grâce à leurs différences. Leur relation, bien qu'elle puisse parfois être tumultueuse, peut aussi être enrichissante et passionnante. Ensemble, ils peuvent créer une danse céleste harmonieuse, un mélange d'élégance et d'originalité, qui symbolise l'union de la beauté et de l'innovation.

ROMANCE, PLAISIRS, SÉDUCTION

- Romance

L'énergie du Verseau, gouverné par Uranus et Saturne, se mêle harmonieusement à celle de la Balance, sous le charme de Vénus. La Balance, romantique par nature, est séduite par l'indépendance et l'originalité du Verseau. Le Verseau, quant à lui, est attiré par l'harmonie et le sens du raffinement de la Balance. Leur relation est une danse d'équilibre, où chacun apporte une certaine vitalité et une perspective unique. Ils partagent un amour pour le social, un amour pour les autres et une passion pour la justice et l'équilibre.

Le Verseau offre la liberté et l'indépendance tant désirées par la Balance. Bien que la Balance puisse parfois lutter avec l'indécision, le Verseau, avec son esprit audacieux et avant-gardiste, offre une direction claire et incisive. Cependant, la Balance, avec son don pour la diplomatie, peut aider le Verseau à adopter une approche plus nuancée et tactique, évitant ainsi les confrontations inutiles.

- Plaisirs

Leurs plaisirs partagés sont ancrés dans leur amour commun pour la beauté, la sociabilité et la créativité. Ils apprécient tous deux un foyer élégant, un vêtement soigné et la beauté de leur environnement. Le sens esthétique prononcé de la Balance complète parfaitement l'originalité et l'innovation du Verseau. Ensemble, ils créent un monde raffiné et éclectique qui reflète leur personnalité unique.

Ils partagent également un amour pour l'intellect. Le Verseau est attiré par la connaissance, la découverte et la nouveauté, tandis que la Balance est charmée par l'esprit vif et la créativité. Ils peuvent passer des heures à discuter de sujets variés, à explorer de nouvelles idées et à se défier intellectuellement.

- Séduction

La séduction entre eux est un jeu de charme et de mystère. La Balance, guidée par Vénus, la planète de l'amour, est une maîtresse de la séduction. Elle sait exactement comment charmer et captiver le Verseau avec son élégance, son raffinement et son charme irrésistible.

Le Verseau, avec son magnétisme et son inventivité, offre un défi intrigant à la Balance. Il est imprévisible, indépendant, et son esprit libre suscite la curiosité de la Balance. Son besoin de liberté et de créativité provoque un désir chez la Balance d'explorer et de comprendre cet esprit audacieux.

Dans leur danse de séduction, ils s'attirent et se repoussent constamment, créant une tension qui renforce leur attirance. La Balance, avec son désir de plaire, doit faire attention à ne pas tomber dans le piège de la jalousie du Verseau, car son indépendance pourrait être menacée. Cependant, si elle parvient à naviguer avec prudence, leur danse de séduction pourrait se transformer en une relation profonde et significative.

AFFINITÉS, RELATIONS AMOUREUSES

- Affinités

Ils partagent une affinité naturelle en raison de leur élément commun : l'Air. Ce lien leur confère une connexion intellectuelle intense, une appréciation mutuelle pour la communication ouverte et une fascination pour les idées nouvelles et stimulantes. Leur amour pour la sociabilité les rapproche également ; ils aiment être entourés d'amis et peuvent souvent être le centre de l'attention dans les rassemblements sociaux.

Le Verseau, régi par Uranus et Saturne, est un signe qui valorise l'indépendance, la créativité et l'innovation. Il se sent attiré par le charme et le sens de l'équilibre de la Balance. La Balance, sous l'influence de Vénus, apprécie l'intelligence, la curiosité et l'originalité du Verseau. Ensemble, ils peuvent former un duo dynamique, apportant une variété d'idées et d'approches à la table.

Ils partagent également une passion pour la justice et l'humanisme. La Balance, en quête de justice et d'équilibre, peut être attirée par l'aspect humaniste du Verseau, qui rêve d'un monde meilleur et plus juste. Ensemble, ils pourraient être capables de réaliser des projets bénéfiques pour la société.

- Relations amoureuses

Ils peuvent trouver un terrain d'entente solide. La Balance, gouvernée par Vénus, la planète de l'amour, cherche à plaire et à être adorée. Le Verseau, indépendant et inventif, peut être charmé par la quête de la Balance pour l'harmonie et l'admiration. Cependant, leur manière d'aborder l'amour peut différer.

La Balance aspire à une relation romantique et souvent formelle, cherchant à officialiser ses liens. Le Verseau, cependant, peut ne pas ressentir le même besoin d'institutionnaliser la relation, préférant une dynamique plus libre et moins conventionnelle. Cela peut créer une tension entre eux, à moins qu'ils ne trouvent une façon de réconcilier leurs besoins respectifs.

La Balance, qui a horreur de la solitude, pourrait trouver le besoin d'indépendance du Verseau difficile à comprendre. Pour que leur relation fonctionne, ils doivent respecter leurs différences et trouver un équilibre entre leur besoin d'être ensemble et leur besoin d'espace personnel.

FOUGUE ET PASSION

- Fougue

Les premiers moments de leur rencontre sont marqués par une énergie vibrante, une fougue qui transcende les barrières traditionnelles de la timidité. Ils sont attirés l'un par l'autre comme deux aimants. Le Verseau, imprévisible et animé par le vent de l'innovation, trouve en la Balance un partenaire équilibré et charmant, épris de beauté et de raffinement. Les deux signes sont régis par l'élément Air, ce qui signifie qu'ils partagent une base commune de communication et de vivacité d'esprit. Cette connexion facilite l'établissement de liens profonds et significatifs entre eux.

L'audace du Verseau, sa curiosité insatiable et son aspiration à la nouveauté, peuvent au premier abord sembler déconcertantes pour la Balance, qui recherche la paix et l'équilibre. Cependant, c'est précisément cette vivacité d'esprit et cette soif d'innovation qui attirent la Balance, faisant naître en elle un désir de suivre le Verseau dans ses aventures audacieuses. Le Verseau, quant à lui, est captivé par la grâce, l'élégance et la sociabilité de la Balance. Ils sont tous deux des êtres sociaux qui apprécient l'interaction et l'échange avec les autres, ce qui leur permet de partager des expériences enrichissantes et d'apprendre l'un de l'autre.

• Passion

La passion entre eux est alimentée par une attraction mutuelle et une compréhension profonde de l'autre. La Balance, charmante et romantique, séduit le Verseau avec sa douceur et son dévouement à l'harmonie. Le Verseau, quant à lui, fascine la Balance par son originalité et son indépendance. Cette dynamique crée une tension passionnée qui alimente leur désir l'un pour l'autre.

La Balance, gouvernée par Vénus, a un grand pouvoir de séduction et une affinité pour le romantisme. De son côté, le Verseau, avec sa liberté et son indépendance, est toujours en quête de nouveauté et de créativité. Cette combinaison peut mener à des moments de passion intense, où la Balance apporte son romantisme, tandis que le Verseau injecte sa propre saveur d'originalité et d'indépendance.

Ils doivent tous deux être conscients de leurs différences. Le Verseau peut parfois manquer de tact, ce qui pourrait blesser la Balance sensible. D'autre part, le désir de la Balance d'être constamment aimée et admirée pourrait créer un sentiment d'étouffement pour le Verseau qui valorise son espace personnel. Néanmoins, avec une bonne communication et une compréhension mutuelle, ils peuvent naviguer à travers ces problèmes, transformant leur passion en une relation durable et enrichissante.

INTIMITÉ PHYSIQUE

Dans l'intimité, ils partagent une alchimie rare et spéciale. La Balance, gouvernée par Vénus, la planète de l'amour, apporte une douceur et une sensualité uniques à leur union, alors que le Verseau, gouverné par

Uranus, apporte une étincelle d'originalité et d'excentricité qui peut rendre leur intimité excitante et imprévisible.

La Balance, qui valorise la beauté et l'harmonie, est souvent attirée par le charme et l'individualité du Verseau. Le Verseau, en revanche, est séduit par l'élégance et le raffinement de la Balance. Ces qualités uniques de chaque signe ajoutent une couche de fascination mutuelle qui alimente leur intimité physique.

Les deux signes aiment aussi la variété et l'expérimentation. Le Verseau, en particulier, est connu pour son amour de l'innovation et du changement, ce qui peut apporter une certaine spontanéité à leur intimité. La Balance, toujours à la recherche de l'équilibre, peut aider à tempérer les impulsions plus sauvages du Verseau, créant un équilibre entre passion et douceur.

Il est crucial pour eux de maintenir une communication ouverte et honnête. Le Verseau, en raison de son caractère indépendant, peut parfois paraître distant, ce qui pourrait déstabiliser la Balance, qui a besoin de se sentir aimée et désirée. De son côté, la Balance doit comprendre et respecter le besoin d'indépendance du Verseau, car une trop grande pression peut le faire se replier.

Dans l'ensemble, leur intimité physique peut être un mélange fascinant d'amour romantique et d'aventure, chaque interaction étant une exploration de leur individualité unique et de leur complémentarité. Avec le respect mutuel et la compréhension, ils peuvent vivre une intimité passionnée et enrichissante, pleine de surprises et de tendresse.

POSSESSION ET JALOUSIE

- Possession

Ils sont deux signes astrologiques qui, bien qu'ils aient des différences marquées, peuvent trouver un terrain d'entente inhabituel. La Balance, gouvernée par la planète de l'amour, Vénus, aspire à l'harmonie, au charme et au raffinement. Le Verseau, quant à lui, sous l'influence d'Uranus et de Saturne, valorise la liberté, l'innovation et l'indépendance.

En ce qui concerne la notion de possession, elle se manifeste différemment chez chacun. La Balance, avec son désir profond d'être aimée et admirée, peut chercher à "posséder" son partenaire de manière symbolique, à travers l'attention et l'affection qu'elle reçoit. Le besoin d'ordre et d'équilibre de la Balance peut l'amener à vouloir des relations claires, définies et stables.

En revanche, le Verseau, avec son amour pour la liberté et son esprit indépendant, peut ressentir toute tentative de possession comme une contrainte. Ils valorisent leur espace personnel et leur liberté d'action et peuvent se rebeller contre toute tentative de contrôle ou de restriction.

Cependant, malgré ces différences, un terrain d'entente est possible. La Balance, avec sa nature diplomatique et son désir de paix, peut apprendre à respecter l'espace du Verseau. De son côté, le Verseau, avec son amour pour l'humanité et la compréhension, peut apprécier l'engagement et l'affection de la Balance.

- Jalousie

La jalousie, un sentiment souvent alimenté par l'insécurité et le manque de confiance, peut être une autre dynamique intéressante à explorer dans leur relation. La Balance, avec son besoin de plaire et d'être admirée, peut se sentir menacée si elle sent que l'attention de son partenaire se dirige ailleurs. De plus, son désir d'équilibre et d'harmonie peut la rendre sensible aux déséquilibres perçus dans l'attention ou l'affection.

Le Verseau, cependant, avec son esprit libre et sa vision de l'amour basée sur l'indépendance, peut être moins enclin à la jalousie traditionnelle. Ils peuvent même voir cette jalousie comme une entrave à leur liberté et à leur individualité. Néanmoins, leur nature imprévisible et leur tendance à être en avance sur leur temps peuvent les amener à ressentir une forme de jalousie si leur partenaire ne semble pas partager ou comprendre leurs idées avant-gardistes.

La clé de la gestion de la jalousie dans leur relation réside probablement dans le dialogue et la compréhension mutuelle. La Balance, avec son talent naturel pour la diplomatie, peut communiquer ses sentiments et ses besoins de manière efficace et respectueuse. Le Verseau, avec son amour pour la compréhension et le progrès, peut apprendre à accueillir ces sentiments et à chercher des solutions qui préservent leur liberté tout en répondant aux besoins de la Balance.

FIDÉLITÉ

La fidélité, une valeur hautement appréciée dans toute relation, prend des dimensions singulières dans le lien astrologique entre la Balance et le Verseau. Au premier abord, ces deux signes semblent avoir des approches différentes de la fidélité, mais en creusant plus profondément, on découvre un paysage de dévouement et de loyauté qui pourrait les surprendre eux-mêmes.

La Balance, guidée par Vénus, la planète de l'amour, est naturellement encline à la constance en amour. Quand ils s'engagent, ils le font avec une sincérité et une détermination indéniables. Ils sont en quête d'un partenaire qui les comprend, qui les admire et qui partage leur amour pour l'harmonie et la beauté. Une fois qu'ils ont trouvé cette personne, ils sont généralement loyaux et dévoués. Ils recherchent une relation stable, équilibrée et harmonieuse, et sont prêts à faire des efforts pour maintenir cette dynamique.

Le Verseau, en revanche, est sous l'influence d'Uranus et de Saturne, des planètes qui apportent une part d'inconstance et d'indépendance. Cette combinaison peut rendre le Verseau plus imprévisible en matière de fidélité. Ils ont un besoin irrépressible de liberté et d'indépendance, et s'ils ne trouvent pas l'originalité et l'innovation qu'ils cherchent dans une relation, ils peuvent être tentés de chercher ailleurs. Cependant, lorsque le Verseau trouve une personne qui respecte leur besoin de liberté et qui peut stimuler leur intellect, ils peuvent être étonnamment fidèles. Ils sont sérieux dans leur relation tant qu'ils trouvent l'excitation et l'originalité qu'ils recherchent.

En mettant ces deux signes ensemble, on peut constater que leur vision de la fidélité peut se compléter. La Balance apporte l'équilibre et la constance, tandis que le Verseau apporte une bouffée d'air frais et d'originalité. Tant que la Balance peut respecter le besoin d'indépendance du Verseau et que le Verseau peut apprécier le désir de stabilité et d'harmonie de la Balance, ils ont toutes les chances de rester fidèles l'un à l'autre.

Leur fidélité mutuelle est en fait profondément enracinée dans leur respect mutuel et leur admiration pour les forces de l'autre. La Balance admire l'indépendance et l'originalité du Verseau, tandis que le Verseau est séduit par le charme et la sociabilité de la Balance. Ce respect mutuel sert de base solide pour leur fidélité, tant qu'ils communiquent clairement leurs attentes et restent ouverts aux besoins de l'autre.

LIBERTÉ ET INDÉPENDANCE

- Liberté

La liberté est un concept primordial, bien qu'ils l'abordent de manière légèrement différente. Pour le Verseau, la liberté représente l'indépendance, l'innovation et l'originalité. C'est le vent sous ses ailes, la force qui l'anime et le pousse à repousser les frontières, à innover et à sortir des sentiers battus. Uranus, sa planète dominante, est celle du changement et de l'indépendance, ce qui le rend souvent en avance sur son temps, parfois même au point de paraître excentrique ou imprévisible pour les autres.

La Balance, en revanche, est gouvernée par Vénus, la planète de l'amour et de la beauté. Pour elle, la liberté est synonyme d'équilibre et de paix. Elle a besoin de liberté pour exprimer son amour, sa sympathie et son charme. Elle a besoin de cette liberté pour décorer son environnement avec raffinement, pour s'habiller avec élégance, pour choisir ses amis avec soin, pour éviter le désordre et la vulgarité. Pour la Balance, la liberté n'est pas tant une question d'indépendance qu'une condition préalable à l'harmonie.

Dans une relation entre eux, cette différence d'approche peut être soit une source de conflit, soit une opportunité de croissance mutuelle. Le Verseau peut aider la Balance à explorer de nouvelles idées, à accepter le changement et à embrasser l'inconnu. La Balance, à son tour, peut aider le Verseau à canaliser sa créativité et à trouver un équilibre entre l'indépendance et l'interdépendance.

- Indépendance

L'indépendance est aussi un aspect fondamental de la relation. Le Verseau, étant un signe d'air, est naturellement indépendant, audacieux, et attiré par la nouveauté. Il a un esprit libre et ne supporte pas la contrainte. Il a besoin de son propre espace pour explorer, innover, et exprimer sa créativité.

La Balance, bien que sociable et appréciée des autres, apprécie également son indépendance. Elle a un sens aigu de l'esthétique et de l'harmonie, et elle aime avoir le contrôle de son environnement. Elle n'aime pas le désordre ou la saleté, et elle a besoin de son propre espace pour créer et maintenir son propre sens de l'équilibre.

Dans une relation entre eux, ils pourraient avoir besoin de naviguer soigneusement entre leur besoin commun d'indépendance et leur désir de connexion. Cela peut être un défi, car le Verseau, avec sa tendance à l'imprévisibilité et à l'excentricité, peut parfois donner l'impression à la Balance de créer du désordre ou de perturber son équilibre. D'un autre côté, la Balance, avec son besoin d'harmonie et de contrôle de son environnement, pourrait parfois donner l'impression au Verseau d'être trop restrictive ou étouffante.

MARIAGE

Quand ils se rencontrent, le mariage peut sembler être une union faite dans le ciel. Deux êtres qui, bien que différents dans leur essence, sont capables de se compléter d'une manière harmonieuse et magique.

La Balance, gouvernée par Vénus, la planète de l'amour et de la beauté, est charismatique et dotée d'une vivacité d'esprit. Elle apporte dans cette union un sens du raffinement et un amour pour l'harmonie. Le mariage est un concept qui lui est cher, comme Vénus symbolise l'union et le mariage. Elle aime être aimée, adorée et admirée, et elle a horreur de la solitude, cherchant constamment la compagnie d'autres personnes.

Le Verseau, sous l'influence d'Uranus et de Saturne, est indépendant et apprécie la liberté. C'est un signe innovant, créatif, et épris de progrès. Il est intelligent, spirituel, attiré par la nouveauté et la connaissance. En amour, il est sérieux et fidèle, tant qu'il peut trouver la fantaisie, la nouveauté et l'originalité qu'il recherche.

Ils sont tous les deux des signes d'air, ce qui signifie qu'ils ont une capacité naturelle à communiquer et à comprendre les pensées et les sentiments de l'autre. Leur mariage sera marqué par des discussions intellectuelles profondes, des rires partagés et une compréhension mutuelle.

Ils peuvent rencontrer des défis. La Balance, qui cherche constamment l'approbation et l'admiration des autres, pourrait être blessée par l'indépendance et l'imprévisibilité du Verseau. Le Verseau, d'autre part, pourrait se sentir étouffé par le besoin de la Balance d'être constamment entourée. La Balance peut parfois être indécise, ce qui pourrait frustrer le Verseau, qui est plus déterminé et orienté vers le changement.

Cependant, si ils sont capables de comprendre et d'accepter les différences de l'autre, leur mariage peut être harmonieux et équilibré. La Balance peut apporter au Verseau une dose de charme et de sociabilité, tandis que le Verseau peut aider la Balance à embrasser le changement et à être plus indépendante.

Dans leur mariage, ils auront besoin de trouver un équilibre entre leur désir de sociabilité et leur besoin d'indépendance. Ils devront aussi apprendre à gérer leurs conflits de manière constructive, en évitant l'indécision de la Balance et l'impatience du Verseau.

Au final, un mariage entre une Balance et un Verseau est une union de deux êtres qui, malgré leurs différences, peuvent trouver un amour et une compréhension profonds l'un pour l'autre. Avec de la communication, de la patience et de l'acceptation, leur mariage peut être une danse harmonieuse de deux esprits libres et intellectuels.

RUPTURE, DIVORCE, RECONSTRUCTION

- Rupture

En dépit de leur harmonie apparente, il y a des moments où les choses ne se passent pas comme prévu entre eux. La Balance, gouvernée par Vénus, est une amoureuse de la beauté et du raffinement, et a besoin d'un environnement d'amour et d'appréciation constantes. Elle est également en quête constante d'équilibre, ce qui peut parfois la rendre indécise et hésitante. Le Verseau, quant à lui, est un esprit libre, gouverné par Uranus et Saturne, ce qui peut créer un mélange tumultueux d'innovation et de stabilité. Il est curieux, inventif, et toujours à la recherche de la nouveauté.

La rupture peut survenir lorsque les besoins contradictoires de ces deux signes commencent à se heurter. Le Verseau, en quête d'indépendance, peut se sentir étouffé par le besoin de la Balance de plaire et d'être admirée. De son côté, la Balance peut se sentir insatisfaite par l'attitude nonchalante et changeante du Verseau en matière de relations. Le Verseau, avec son franc-parler, peut également blesser la Balance qui est plus délicate et soucieuse de l'harmonie.

- Divorce

Si ces problèmes ne sont pas résolus, ils peuvent mener au divorce. Le Verseau, par nature indépendant, pourrait être le premier à initier la séparation. Il pourrait se sentir contraint par le besoin de la Balance d'une relation formalisée, se sentant étouffé par l'attente d'une adoration et d'une admiration constantes. Le Verseau, avec son tempérament imprévisible, pourrait décider subitement de mettre fin à la relation, laissant la Balance en état de choc et de confusion.

La Balance, quant à elle, pourrait avoir du mal à accepter cette rupture. Elle pourrait passer beaucoup de temps à peser le pour et le contre, à essayer de comprendre ce qui a mal tourné et si la rupture pourrait être évitée. Cependant, avec le temps, elle accepterait finalement la séparation, bien qu'avec une grande tristesse.

- Reconstruction

La reconstruction après une telle rupture serait un processus différent pour chacun d'entre eux. La Balance, toujours à la recherche de l'équilibre et de l'harmonie, pourrait se tourner vers ses amis et sa famille pour obtenir du soutien. Elle se concentrerait sur le maintien de l'ordre et de la beauté dans sa vie, peut-être en décorant son espace de vie ou en se plongeant dans des activités créatives.

Le Verseau, en revanche, embrasserait son indépendance retrouvée. Il pourrait se lancer dans de nouvelles aventures, explorer de nouvelles idées, et même rencontrer de nouvelles personnes. Il pourrait également utiliser son intellect et sa créativité pour se reconstruire et aller de l'avant.

≈

CHAPITRE 13

Balance - Poissons

DESCRIPTION DU SIGNE DU POISSONS

NEPTUNE : domicilié en Poissons, exalté en Lion, exilé en Vierge, chute en Verseau est une planète qui gère les transformations, les rêves, l'illusion, l'imagination, l'inconscient, le changement physique. Elle interfère avec le divin par les croyances, le mysticisme, la religion. Sa sensibilité, son attention, sa compassion envers les autres lui viennent de JUPITER, deuxième signe en domicile. Dernier signe du zodiaque, "les Poissons" illustre la fin de l'hiver, un nouveau cycle. C'est le signe le plus sensible et le plus vulnérable au point de devoir se réfugier dans un monde à lui pour se protéger du monde réel. Il se transforme, tel un caméléon, pour cacher ses faiblesses. Il sait s'adapter à toute situation, double, indécis, cyclothymique, changeant, il est difficile à cerner. Mutable dans ses intuitions et ses relations. Imaginatif, impressionnable, altruiste, don de soi, très intuitif et profondément attentif aux autres. Son caractère compréhensif le pousse à les aider, à les réconforter, au point qu'il peut arriver qu'on abuse de sa gentillesse et qu'on profite de lui. Il est sentimental, idéaliste, charitable, loyal, désintéressé, tolérant, dévoué, adaptable, patient, bon vivant, généreux. Signe très psychique, hypersensible, impressionnable, rêveur, loquace, affabulateur, spirituel, émotif, manipulateur, menteur.

Insaisissable, fuyant, paresseux, lunatique, complexe, nerveux, tenace, obstiné, ne lâche pas prise. Mysticisme, médiumnité, voyances, foi, clairvoyance, intuitif, fuit la réalité, se réfugie dans le rêve, l'illusion, la fantaisie. Pessimiste, triste, renfermé, il peut se laisser aller à la mélancolie.

LE POISSONS ET L'AMOUR

Le signe du Poissons, incarné par l'eau vive, porte les traits d'une personnalité à la fois aimante et dévouée. Empli d'attention, d'immense fidélité et d'une tendresse insatiable, il plonge sans hésiter dans le vaste océan de l'amour, avec une sensibilité qui lui confère une réceptivité aiguë aux moindres fluctuations de l'humeur de son partenaire. Ainsi, il se montre capable de naviguer adroitement dans le monde complexe des émotions, avec un dévouement qui en fait un amoureux sentimental par excellence.

Profondément intériorisé, le Poissons présente une timidité charmante qui le rend souvent insaisissable. Sa nature impressionnable contribue à son allure romantique et passionnée, ce qui le pousse à constamment rechercher son âme sœur, celle avec qui il peut partager ses sentiments les plus profonds. Il est souvent vu comme une âme érotique, attentive et protectrice, aspirant à une relation basée sur la douceur et la tendresse, tout en ayant besoin d'idéaliser son partenaire.

En quête constante d'un amour profond et sincère, le Poissons se distingue par sa capacité à communiquer ouvertement ses sentiments. En amour, il recherche la douceur et l'harmonie, une émotion partagée qui le nourrit et le renforce. Il ne se contente pas seulement d'aimer, mais aspire également à protéger et à prendre soin de ses proches.

Au-delà de sa vie amoureuse, le Poissons fait preuve d'un engagement exemplaire en tant que parent. Il prend plaisir à éduquer ses enfants, toujours prêt à leur offrir non seulement une sécurité matérielle, mais aussi un soutien affectif inconditionnel. Il se révèle être un véritable pilier pour ses enfants, les accompagnant à travers toutes les étapes de leur vie. Sa nature attentionnée et protectrice, combinée à son amour inébranlable, en fait un parent dévoué, offrant à ses enfants une fondation solide sur laquelle ils peuvent se reposer.

En somme, le signe du Poissons, avec ses traits de caractère uniques, est un symbole d'amour, de dévouement et de fidélité. Que ce soit dans ses relations amoureuses ou dans son rôle de parent, il démontre une capacité d'engagement et une passion pour l'attention et la protection qui le distinguent parmi les autres signes du zodiaque.

LA RENCONTRE ENTRE UNE BALANCE ET UN POISSONS

Quand ils se rencontrent, l'échange est inévitablement marqué par une certaine subtilité, une douceur évidente et un amour potentiellement profond. La Balance, gouvernée par Vénus, la planète de l'amour et de la beauté, et le Poissons, sous l'influence de Neptune, la planète des rêves et de l'illusion, ont chacun beaucoup à offrir et à apprendre l'un de l'autre.

Ils sont tous deux charmants à leur manière. La Balance brille par sa vivacité d'esprit, son goût raffiné et son amour de la beauté, tandis que le Poissons se distingue par sa sensibilité profonde, sa nature adaptable et son imagination sans limites. Leur approche de l'amour est tout aussi variée, mais elle est en quelque sorte complémentaire. La Balance cherche à séduire et à charmer, tandis que le Poissons est incroyablement réceptif, attentionné et dévoué.

Dans leur interaction, ils cherchent à équilibrer leurs forces et leurs faiblesses. La Balance, avec sa forte aversion pour la solitude, pourrait trouver dans le Poissons un partenaire réconfortant qui est prêt à partager son monde de rêves et de fantaisie. La Balance pourrait aider le Poissons à sortir de sa coquille et à explorer le monde extérieur, tout en bénéficiant de la sensibilité et de l'empathie profonde du Poissons. De leur côté, les Poissons pourraient être charmés par la sociabilité, le raffinement et l'équilibre que la Balance apporte à leur vie.

En ce qui concerne leurs défauts, la Balance, souvent indécise, pourrait être frustrée par le caractère insaisissable du Poissons. De même, le Poissons, avec sa tendance à la mélancolie et à l'évasion de la réalité, pourrait se sentir submergé par le besoin de la Balance de plaire et d'être aimé. Cependant, avec de la patience, de la compréhension et une communication ouverte, ils peuvent apprendre à surmonter ces défis et à utiliser ces différences pour enrichir leur relation.

En amour, ils partagent un romantisme profond et une quête de l'idéal. La Balance, avec son pouvoir de séduction et son désir d'être adorée, peut trouver en le Poissons un partenaire qui valorise la douceur, l'idéalisation et la dévotion. En retour, le Poissons, avec sa nature sentimentale et réceptive, peut trouver en la Balance un partenaire qui comprend sa nature émotionnelle complexe et qui est prêt à lui offrir la sécurité affective qu'il recherche.

ROMANCE, PLAISIRS, SÉDUCTION

• Romance

La romance entre eux peut ressembler à une danse élégante mais complexe. L'élément de l'Air de la Balance et l'élément de l'Eau du Poissons se complètent à merveille, créant un mélange subtil d'amour, de compréhension et de respect. L'aspect romantique de la Balance, régi par la planète Vénus, l'incite à charmer son partenaire Poissons, un signe naturellement sensible et empathique. Ils pourraient donc s'apprécier mutuellement pour leur dévouement et leur attention envers l'autre.

Cependant, le penchant de la Balance pour l'équilibre et l'harmonie peut se heurter à la nature changeante et mystérieuse du Poissons. La Balance pourrait avoir du mal à comprendre le penchant du Poissons pour l'évasion dans le monde des rêves, tandis que le Poissons pourrait se sentir déstabilisé par l'indécision de la Balance. Pourtant, cette tension même peut ajouter une certaine excitation à leur romance, la transformant en une danse qui tourne et tourbillonne au gré de leurs différentes énergies.

• Plaisirs

Leur relation est riche en plaisirs divers, des plus tangibles aux plus intangibles. Ensemble, ils apprécient la beauté, l'art et la culture, grâce à l'amour de la Balance pour l'esthétisme et l'appréciation du Poissons pour le mysticisme et l'imagination. Ils pourraient passer des heures à discuter de philosophie, d'art ou de musique, explorant ensemble des mondes qu'ils n'auraient jamais découverts seuls.

En outre, le Poissons pourrait initier la Balance à des plaisirs plus profonds, plus intérieurs, tels que la méditation ou l'introspection. De son côté, la Balance pourrait aider le Poissons à apprécier les plaisirs extérieurs et matériels, comme les belles tenues, les bons repas et les soirées mondaines.

- Séduction

La séduction entre eux est un art délicat, où l'un joue et l'autre répond, dans un ballet continu de mouvements subtils. La Balance, maîtrisée par Vénus, est naturellement charmeuse et attirante. Elle sait comment plaire et séduire, utilisant son charisme naturel pour attirer le Poissons à elle.

Le Poissons, quant à lui, est un amoureux passionné et dévoué. Il répond à la séduction de la Balance par son dévouement et sa fidélité, lui offrant une profondeur d'émotion que la Balance peut trouver à la fois enivrante et déconcertante. Cependant, la Balance doit faire attention à ne pas abuser de la nature accommodante du Poissons, car cela pourrait créer des tensions dans leur relation.

AFFINITÉS, RELATIONS AMOUREUSES

- Affinités

Naviguant dans un univers où la beauté, l'équilibre et l'harmonie rencontrent les rêves, l'illusion et l'intuition, la relation est un mélange unique d'air et d'eau, de réalité et de fantaisie.

La Balance, guidée par Vénus, recherche l'harmonie et l'équilibre dans toutes les facettes de la vie. Leur affinité pour la beauté, le raffinement et la justice se reflète dans leur manière d'interagir avec le monde. Ils sont des individus charmants et sociables, toujours prêts à écouter et à aider. En outre, ils ont une capacité innée à peser le pour et le contre, ce qui peut parfois les rendre indécis.

Le Poissons, sous la gouvernance de Neptune, est le rêveur du zodiaque. Ils ont une imagination riche et sont intuitivement à l'écoute de leur environnement et des personnes qui les entourent. Leur grande sensibilité peut les rendre vulnérables, les poussant parfois à se réfugier dans un monde de rêves et de fantaisies pour échapper à la dureté du monde réel.

En dépit de leurs différences apparentes, ils trouvent une affinité dans leur nature sociable et empathique. La Balance est attirée par la douceur, la compassion et la nature rêveuse du Poissons, tandis que le Poissons est charmé par la sociabilité, l'équilibre et le charme de la Balance. De plus, leur tendance commune à aider les autres crée un lien fort entre eux.

- Relations Amoureuses

Dans le domaine de l'amour, la rencontre peut être considérée comme une danse harmonieuse de charme et de rêve. Ils sont tous deux des signes qui aspirent à une connexion profonde et romantique, cherchant à trouver l'équilibre parfait entre donner et recevoir de l'amour.

La Balance, en tant que signe gouverné par Vénus, est naturellement romantique et a un grand pouvoir de séduction. Ils désirent être aimés et admirés, et ils font preuve d'un grand soin dans le choix de leurs partenaires. Leur besoin d'équilibre et d'harmonie les pousse à chercher une relation où règnent l'amour et le respect mutuels.

Le Poissons, quant à lui, est un signe d'eau profondément intuitif et émotionnel. Ils sont très sensibles aux besoins et aux sentiments de leur partenaire, et ils sont capables d'aimer de manière inconditionnelle et dévouée. Ils recherchent une âme sœur avec qui partager leurs rêves et leurs sentiments les plus profonds.

Ensemble, ils créent une relation d'amour profonde et romantique, où la passion de la Balance pour l'équilibre et l'harmonie rencontre la capacité du Poissons à aimer de manière profonde et intuitive.

FOUGUE ET PASSION

- Fougue

La fougue de leur union est une interprétation subtile de leurs caractéristiques distinctes et, parfois, contradictoires. C'est un mélange de lumière et d'ombre, d'air et d'eau, qui crée une palette de sensations et d'expériences.

La Balance, régie par Vénus, possède une fougue qui se traduit par un charme éloquent, une vivacité d'esprit et un goût prononcé pour la beauté. Sa fougue se manifeste dans sa quête constante d'équilibre, de justice et de paix, et dans sa capacité à transmettre ces valeurs aux autres. La Balance, étant un signe d'air, est légère et créative, sa fougue se reflète dans sa sociabilité, sa diplomatie, et son désir d'aider les autres.

Les Poissons, d'autre part, sont gouvernés par Neptune, la planète des rêves et des transformations. Leur fougue se manifeste sous une forme plus passive et mystique. Ils sont extrêmement sensibles et intuitifs, capables de s'adapter à tout environnement, de se transformer, tout comme un caméléon. Leur fougue est leur dévouement, leur tolérance et leur générosité, qui les poussent parfois à donner d'eux-mêmes au point où ils peuvent être exploités.

Dans leur interaction, la fougue de la Balance peut servir de contrepoids à l'instabilité émotionnelle des Poissons, lui offrant un sentiment de stabilité et de sécurité. La fougue des Poissons, en revanche, peut aider à adoucir l'indécision de la Balance et à la guider vers une vision plus profonde de la réalité.

• Passion

La passion est un mélange complexe d'émotions et d'intellect, d'attirance physique et de connexion spirituelle. La Balance, avec son amour de la beauté et son attrait pour l'harmonie, peut trouver un partenaire idéal dans les Poissons, avec leur sensibilité profonde et leur dévouement inconditionnel. La passion de la Balance pour l'équilibre et la justice peut être nourrie par la compassion et l'empathie innées des Poissons.

La Balance, étant gouvernée par Vénus, la planète de l'amour, a un grand pouvoir de séduction. Elle désire être aimée, admirée et adorée. Cette passion peut être comblée par les Poissons, qui sont naturellement attentifs, protecteurs et dévoués. Les Poissons, en retour, sont souvent à la recherche de l'âme sœur, quelqu'un qui peut comprendre leur complexité émotionnelle et leur désir d'échapper à la réalité.

INTIMITÉ PHYSIQUE

Lorsqu'ils se rencontrent, ils découvrent rapidement une attraction mutuelle qui ne ressemble à aucune autre. Ils sont tous deux gouvernés par des planètes associées à l'amour et à l'attraction, la Balance étant gouvernée par Vénus, la planète de l'amour et de la beauté, et le Poissons par Neptune, la planète des rêves et de l'illusion, ainsi que par Jupiter, la planète de la chance et de l'expansion. Cela se traduit par une attraction physique intense et une forte complicité intime.

La Balance, avec son sens aigu de l'esthétisme et son dévouement pour l'harmonie, apporte une touche de douceur et de raffinement à leur intimité. Il y a une attention particulière portée à l'ambiance, à la beauté des choses, qui confère à leur intimité une atmosphère de douceur et de rêve. Les attentions de la Balance sont souvent subtiles, mais toujours bien pensées et expressives, ce qui peut être profondément touchant pour le Poissons.

Le Poissons, en revanche, est un signe d'eau profondément émotif, qui s'exprime souvent mieux dans le monde des sentiments que dans celui des mots. Son dévouement et sa capacité à comprendre les émotions de son partenaire ajoutent une profondeur émotionnelle à leur intimité. Ce signe est également associé à l'illusion et aux rêves, ce qui peut se traduire par une tendance à idéaliser son partenaire, et à ajouter une touche de magie à leur intimité.

Ils doivent être attentifs aux différences qui peuvent surgir entre eux. La Balance, en quête d'équilibre, peut parfois trouver le Poissons trop émotif ou irréaliste. De plus, le Poissons, signe mutable, a une nature changeante qui peut parfois être déroutante pour la Balance. Cependant, ces différences peuvent également enrichir leur relation, en apportant une diversité et une complémentarité qui la rendent plus intéressante.

Leur intimité est souvent marquée par une profonde compréhension mutuelle, une forte attraction physique et une capacité à naviguer ensemble dans le monde des émotions et des rêves. Cela crée une connexion intime qui est à la fois douce et passionnée, réaliste et rêveuse, stable et changeante, reflétant ainsi la beauté complexe de leur relation.

POSSESSION ET JALOUSIE

• Possession

L'idée de possession peut être évoquée à plusieurs égards. Par nature, la Balance, gouvernée par Vénus, recherche l'harmonie et l'équilibre dans ses relations. Elle a un fort désir d'être aimée, regardée, désirée et admirée. Cette soif de validation peut amener la Balance à vouloir posséder l'affection et l'attention de son partenaire Poissons.

De son côté, le Poissons, dominé par Neptune, est un signe extrêmement sensible et empathique. Il est dévoué et fidèle en amour, montrant une volonté de se donner complètement à l'être aimé. Cette tendance à l'abnégation peut parfois être interprétée comme une forme de possession, où le Poissons offre et attend une dévotion totale.

Il est important de noter que ces deux signes ont une approche différente de la possession. Tandis que la Balance peut chercher à posséder l'affection et l'attention de son partenaire, le Poissons, lui, peut aspirer à posséder une connexion émotionnelle profonde, voire spirituelle.

Ces deux signes peuvent apprendre beaucoup l'un de l'autre dans ce contexte. La Balance peut aider le Poissons à comprendre l'importance de l'équilibre et de la réciprocité dans les relations, tandis que le Poissons peut montrer à la Balance qu'une relation peut aller au-delà de l'esthétique et du paraître, pour atteindre une véritable profondeur émotionnelle.

• Jalousie

En matière de jalousie, il est intéressant d'explorer comment ces deux signes peuvent interagir. La Balance, charmante et sociable, peut attirer beaucoup d'attention, ce qui peut potentiellement provoquer la jalousie du Poissons. D'autre part, la Balance, qui a un fort désir d'être aimée et admirée, peut également éprouver de la jalousie si elle se sent négligée ou si l'attention du Poissons est dirigée ailleurs.

Quant au Poissons, sa nature intuitive et sa grande sensibilité peuvent le rendre plus susceptible de ressentir de la jalousie, surtout s'il se sent menacé ou insécurisé dans sa relation avec la Balance. Il pourrait craindre de perdre la connexion profonde qu'il chérit tant.

Il est important de noter que ces deux signes ont la capacité de gérer ces sentiments de jalousie de manière mature. La Balance, avec son désir inné d'équilibre et de justice, cherchera à résoudre tout sentiment de jalousie par la discussion et la négociation. Le Poissons, avec sa nature compréhensive et empathique, sera capable de comprendre les sentiments de la Balance et de les prendre en compte.

FIDÉLITÉ

Ils constituent une union d'une complexité fascinante, et la fidélité dans leur relation est un sujet nuancé qui mérite une exploration approfondie. La Balance, gouvernée par Vénus, est connue pour son pouvoir de séduction, sa quête de l'harmonie et son dévouement en amour. Le Poissons, sous l'influence de Neptune, est quant à lui réputé pour son attachement profond, sa sensibilité et sa capacité à aimer de manière inconditionnelle.

La fidélité est un aspect de la relation qui peut être naturel pour eux, mais qui, en même temps, exige un certain niveau de compréhension et de respect mutuel. La Balance, avec son besoin d'admiration et de reconnaissance, peut parfois être tentée de chercher l'approbation en dehors de la relation. Cependant, son désir d'équilibre et d'harmonie l'incite souvent à rester fidèle à son partenaire Poissons, car la trahison bouleverserait cet équilibre. De plus, avec Vénus comme maître de son signe, la Balance a une forte inclination pour l'union et le mariage, ce qui renforce son attachement et sa fidélité.

Le Poissons, en revanche, est un signe extrêmement loyal et dévoué en amour. Sa nature profondément sentimentale et son dévouement le poussent à rester fidèle à sa Balance. Il recherche une connexion profonde et émotionnelle, et lorsque cette connexion est établie, il peut être incroyablement fidèle. Cependant, le Poissons est également un signe très intuitif et sensible. Si le Poissons sent que la Balance n'est pas entièrement engagée ou si son besoin d'attention et d'affection n'est pas satisfait, cela peut provoquer des sentiments de malaise et de méfiance chez le Poissons.

La clé de la fidélité entre eux repose sur la communication et la compréhension. La Balance doit être consciente de la sensibilité du

Poissons et s'assurer qu'il se sent aimé et apprécié. Le Poissons, à son tour, doit comprendre le besoin d'admiration et d'approbation de la Balance et faire preuve de patience et de tolérance. Ils doivent tous deux s'engager à maintenir l'équilibre et la paix dans leur relation, car cela contribuera à renforcer leur lien et leur fidélité mutuelle.

LIBERTÉ ET INDÉPENDANCE

- Liberté

Ils sont tous deux des signes d'air et d'eau, respectivement, ce qui implique une fluidité dans leur nature. Leurs approches respectives de la liberté peuvent être complémentaires et harmonieuses, mais aussi source de désaccords.

La Balance, gouvernée par Vénus, la planète de l'amour et de la beauté, est un signe d'air qui apprécie la légèreté, la créativité et l'équilibre. Cette liberté pour la Balance s'exprime souvent par la recherche de la beauté, de l'harmonie et de la justice dans tous les aspects de la vie. Ils aiment être entourés de personnes, mais ils apprécient également leur propre espace pour créer et réfléchir.

Le Poissons, quant à lui, est gouverné par Neptune, la planète des rêves et de l'imagination. Ils sont un signe d'eau, ce qui signifie qu'ils sont très sensibles et émotionnels. Pour le Poissons, la liberté réside dans la capacité à rêver, à imaginer et à explorer son monde intérieur sans entraves. Ils ont besoin d'un espace pour se retirer et se reconnecter à leur moi intérieur.

Ensemble, ils peuvent explorer différentes facettes de la liberté : la liberté de rêver et d'imaginer pour le Poissons, et la liberté d'explorer la beauté et l'harmonie pour la Balance. Cependant, leurs notions de liberté peuvent parfois entrer en conflit, surtout si la Balance trouve que le Poissons se retire trop dans son monde de rêves, ou si le Poissons se sent limité par le besoin d'équilibre et d'harmonie de la Balance.

- Indépendance

L'indépendance est un autre thème délicat dans la relation entre la Balance et le Poissons. Tous deux sont sociaux par nature, mais ils ont également besoin de leur propre espace et de leur propre temps.

La Balance, en tant que signe d'air, a besoin de temps pour se recharger et pour nourrir sa créativité. Ils aiment être entourés de personnes, mais ils ont également besoin d'indépendance pour explorer leur propre sens de l'esthétique et de la beauté.

Le Poissons, en tant que signe d'eau, a également besoin de son propre espace pour explorer son monde intérieur. Ils sont profondément empathiques et souvent absorbés par les émotions et les sentiments des autres, ce qui peut les épuiser. Par conséquent, ils ont besoin de moments d'indépendance pour se reconnecter à eux-mêmes.

L'indépendance peut donc être un point de tension dans leur relation, surtout si l'un ou l'autre se sent étouffé ou ignoré. Pour maintenir l'équilibre, ils doivent apprendre à respecter les besoins d'indépendance de l'autre et à communiquer ouvertement leurs propres besoins.

MARIAGE

La Balance et le Poissons, bien qu'appartenant à des éléments différents, l'air et l'eau respectivement, ont beaucoup à partager lorsqu'ils décident de s'unir par les liens sacrés du mariage. Leur relation est une danse délicate entre deux êtres qui cherchent à atteindre l'équilibre et l'harmonie dans leurs vies. Ils ont la capacité de combler les lacunes de l'autre, créant ainsi une dynamique qui peut être à la fois fascinante et enrichissante.

La Balance, gouvernée par Vénus, apporte l'amour, la beauté et le charme dans cette union. Elle aspire à une vie harmonieuse et valorise l'élégance et le raffinement. En revanche, le Poissons, sous l'influence de Neptune, apporte une sensibilité profonde, une imagination débordante et une compassion qui ne connaît pas de limites. Ces deux forces, lorsqu'elles sont en équilibre, peuvent créer une relation marquée par l'amour, la créativité et une compréhension profonde.

Dans leur mariage, ils incarnent la fusion de la beauté et de l'amour de la Balance avec la sensibilité et la compassion du Poissons. Ils créent ensemble un monde rempli de romantisme et de gentillesse, où chaque partenaire apprécie l'autre pour sa capacité à compléter et à enrichir sa propre existence.

Cependant, leur union n'est pas sans défis. Le Poissons, avec son penchant pour le rêve et la fantaisie, peut parfois se sentir submergé par le désir de la Balance pour l'équilibre et la justice. D'un autre côté, la Balance peut trouver le Poissons parfois trop émotif et insaisissable, ce qui peut perturber son besoin d'harmonie.

Ils sont tous les deux assez intuitifs pour comprendre et répondre aux besoins de l'autre. La Balance, avec sa diplomatie naturelle, peut aider à apaiser les eaux parfois tumultueuses du Poissons. De même, le Poissons, avec sa sensibilité et sa compassion, peut aider à adoucir la Balance, la poussant à se connecter avec ses émotions de manière plus profonde.

Dans leur voyage à travers le mariage, ils apprendront à naviguer entre les eaux calmes et les tempêtes, à trouver un équilibre entre leurs désirs et leurs besoins, et à cultiver une compréhension plus profonde de leur propre moi et de l'autre. Malgré leurs différences, ils ont beaucoup à offrir l'un à l'autre, et leur mariage peut être une aventure d'amour, de compréhension mutuelle et d'enrichissement personnel.

Il est important qu'ils apprennent à communiquer ouvertement et honnêtement, à respecter les sentiments et les points de vue de l'autre et à se soutenir mutuellement dans leur croissance personnelle. Avec une telle compréhension et un tel respect, leur mariage peut être une union qui transcende les différences et embrasse l'unité dans la diversité, une danse délicate et belle de deux âmes qui se cherchent et se trouvent dans l'amour et la compassion

RUPTURE, DIVORCE, RECONSTRUCTION

- Rupture

La rupture n'est jamais simple. Ils sont guidés par des forces et des désirs différents, ce qui peut parfois mener à des conflits. La Balance, gouvernée par Vénus, recherche constamment l'harmonie, l'équilibre et la beauté dans ses relations. Elle a une aversion pour le désordre et la saleté, ce qui peut devenir un problème si le Poissons, souvent éparpillé et désorganisé, ne répond pas à ces attentes. Le Poissons, gouverné par Neptune, peut souvent être perçu comme vivant dans son propre monde de rêves et d'illusions, une tendance qui peut frustrer la Balance qui recherche la clarté et la justice.

Lorsqu'ils se heurtent à des désaccords, la Balance, qui est toujours en train de peser le pour et le contre, peut avoir du mal à prendre une décision définitive. De l'autre côté, le Poissons, avec sa nature sensible et évasive, pourrait éviter le conflit, préférant se replier dans son monde de rêves plutôt que de faire face à la réalité. Cette dynamique pourrait conduire à une rupture si aucun d'eux n'est prêt à faire des compromis ou à communiquer efficacement.

- Divorce

Le processus de divorce entre eux peut être tout aussi compliqué que leur relation. La Balance, qui valorise l'équité et la justice, cherchera à rendre le processus aussi équilibré et juste que possible. Toutefois, cette quête de justice pourrait être perçue par le Poissons comme une tentative de gagner du pouvoir ou de contrôler la situation, ce qui pourrait mener à des tensions. Le Poissons, d'autre part, pourrait avoir du mal à faire face à la réalité du divorce, choisissant plutôt de s'évader dans son monde de rêves et d'illusions.

Le Poissons, avec sa nature sensible et intuitive, pourrait être particulièrement affecté par la douleur et la tristesse qui accompagnent souvent le divorce. Il pourrait se replier encore plus sur lui-même, évitant de faire face à la réalité du divorce. La Balance, de son côté, pourrait également avoir du mal à gérer la rupture de l'harmonie qu'elle recherche constamment dans ses relations. Elle pourrait se sentir frustrée et déçue si elle ne parvient pas à maintenir l'équilibre qu'elle désire.

- Reconstruction

Après la rupture et le divorce, vient le temps de la reconstruction. Pour la Balance, ce processus peut impliquer de chercher à rétablir l'harmonie et l'équilibre dans sa vie. Elle pourrait se concentrer sur le maintien de son apparence, de son environnement et de ses relations, cherchant à maintenir un sentiment de beauté et de raffinement malgré la douleur de la rupture. Elle pourrait également chercher à renouer avec sa sociabilité naturelle, passant du temps avec des amis et des proches pour se reconstruire.

Le Poissons, d'autre part, pourrait trouver du réconfort et de la guérison dans son monde intérieur de rêves et d'illusions.

Printed in France by Amazon
Brétigny-sur-Orge, FR

14332827R00109